Übungs- und Klausurenbuch zur Mathematik für Volks- und Betriebswirte

Von

Dipl.-Math. Gerd Kallischnigg

unter Mitarbeit von

cand. ing. Achim Dinge

und

cand. ing. Steffen Steinicke

R. Oldenbourg Verlag München Wien

Die Deutsche Bibliothek - CIP-Einheitsaufnahme

Kallischnigg, Gerd:
Übungs- und Klausurenbuch zur Mathematik für Volks- und Betriebswirte / von Gerd Kallischnigg. Unter Mitarb. von Achim Dinge und Steffen Steinicke. - München ; Wien : Oldenbourg, 1996
ISBN 3-486-23640-7
NE: Kallischnigg, Gerd: Mathematik für Volks- und Betriebswirte

Gesamtherstellung: R. Oldenbourg Graphische Betriebe GmbH, München

ISBN 3-486-23640-7

Vorwort

Dieses Buch ist eine Sammlung von Aufgaben zu allen Themenbereichen, die in der Lehrveranstaltung Mathematik für Volks- und Betriebswirte an der Technischen Universität Berlin behandelt werden.

Die Aufgaben sind auf „Klausurniveau" gehalten. Für die Aufgaben sind 30 Minuten Bearbeitungszeit vorgesehen, für die kürzeren, mit „(F)" besonders gekennzeichneten Aufgaben nur 15 Minuten. Für alle Aufgaben sind im zweiten Teil des Buches ausführliche Lösungen angegeben.

Diese Sammlung ist so aufgebaut, daß die einzelnen Aufgabenbereiche den Kapiteln des Buches Kallischnigg / Kockelkorn „Mathematik für Volks- und Betriebswirte", Oldenbourg Verlag 1995, entsprechen. Die zugehörigen Seiten sind jeweils angegeben.

Für die Mitarbeit bei dieser Sammlung bedanken wir uns besonders bei allen Tutoren des Instituts für Quantitative Methoden der TU Berlin, durch deren Einfallsreichtum diese Aufgabensammlung entstanden ist.

Wir wünschen allen Studenten viel Spaß und Erfolg beim Lernen.

Dipl.-Math. Gerd Kallischnigg
cand. ing. Achim Dinge
cand. ing. Steffen Steinicke

INHALTSVERZEICHNIS

Teil 1
- Aufgaben -

1 AUFGABEN ZUR AUSSAGENLOGIK UND MENGENLEHRE

1.1 Beweistechniken - Die vollständige Induktion

1.1.1 Induktion 1 (F)

Beweisen Sie mit Hilfe der vollständigen Induktion:

$$\sum_{i=0}^{n} \left(\frac{1}{2}\right)^{i} = 2 - \frac{1}{2^n} \qquad \text{mit } n \in N$$

1.1.2 Induktion 2 (F)

Beweisen Sie durch vollständige Induktion:

$$\sum_{i=1}^{n} 5^{i-1} = \frac{1}{4}(5^n - 1) \qquad \text{für alle } n \in N$$

1.1.3 Induktion 3 (F)

Beweisen Sie mit Hilfe der vollständigen Induktion:

$$\sum_{i=1}^{n} \frac{1}{3^{i-1}} = \frac{3}{2} - \frac{1}{2 \cdot 3^{n-1}} \qquad \text{mit } n \in N$$

1.2 Mengenlehre (F)

Es wurden 400 Studenten nach ihren Einkunftsquellen befragt. 40 Studenten leben ausschließlich vom BAFÖG. Geld von ihren Eltern bekommen 112 Studenten. BAFÖG und Arbeitslohn empfangen 164 der Studenten, die kein Geld von ihren Eltern bekommen. Von den arbeitenden Studenten bekommen 112 kein BAFÖG. Einer Beschäftigung gingen 280 Studenten nach. Von diesen bekommen 36 Geld von ihren Eltern. Die Anzahl der Studenten, die BAFÖG erhalten, ist um 86 höher als die, die keins erhalten.

Erstellen Sie ein Veitch- Diagramm.

Arbeitshinweise:

[1] **Kallischnigg, G.; Kockelkorn, U.:** S. 1-20.
[2] **Schwarze, J.:** Band I, S. 32-62.
[3] **Ohse, D.:** Band I, S. 17-39.

2 AUFGABEN ZU FOLGEN UND REIHEN

2.1 Richtig oder Falsch? (F)

Geben Sie an, ob die folgenden Aussagen wahr oder falsch sind:
1) Arithmetische Folgen haben für $d < 1$ einen Häufungspunkt oder Grenzwert.
2) Folgen sind Funktionen mit eingeschränktem Definitionsbereich.
3) Rekursive Folgen sind immer endlich.
4) Hat eine Folge einen Häufungspunkt, so ist diese Folge beschränkt.
5) Es gibt endliche und unendliche Folgen
6) Folgen sind immer injektiv.
7) Nur surjektive Folgen sind auch Funktionen.
8) Die Folge $a_k = \sin k$ ist beschränkt.
9) Eine obere Schranke für die Folge $a_k = \frac{1}{k^2}$ ist 10 .
10)Beschränkte Folgen sind monoton.

2.2 Folgen (F)

a) Eine endliche arithmethische Folge hat das 10. Glied $a_{10} = 13$, die Differenz $d = 2$ und die Summe $s_n = 315$. Man berechne das Anfangsglied a_1, die Anzahl n der Glieder und das Endglied a_n.

b) Bestimmen Sie die Grenzwerte der Folgen:

$$a_k = \frac{(k+1)^2}{k^2} \qquad b_k = \frac{\sqrt{k^2+1}}{2k+3}$$

2.3 Plastikkugel (F)

a) Berechnen Sie die Summen der unendlich geometrischen Reihen:

$$A: \quad \frac{3}{2} + 1 + \frac{2}{3} \ldots\ldots\ldots$$

$$B: \quad 1 - \frac{1}{2} + \frac{1}{4} - \frac{1}{8} + \ldots\ldots\ldots$$

b) Eine Plastikkugel, die aus 1m Höhe auf eine feste Unterlage fällt, springt 80 cm hoch, nach dem zweiten Aufschlag 64 cm, nach dem dritten Aufschlag 51,2 cm usw. Welchen Weg legt die Kugel zurück, bis Sie zur Ruhe kommt?
Hinweis: Berechnen Sie den Grenzwert der unendlich geometrischen Reihe!

Arbeitshinweise:

[1] **Kallischnigg, G.; Kockelkorn, U.:** S. 31-41.
[2] **Schwarze, J.:** Band I, S. 150-168.
[3] **Ohse, D.:** Band I, S. 144-174.

3 Aufgaben zu den Differenzengleichungen

3.1 Ruairidh McDonalds Schaffarm

Ruairidh McDonald betreibt eine Schaffarm an der Westküste Schottlands. Im Januar 1993 ist seine Herde 1000 Schafe groß: 80% Weibchen und 20% Böcke. Jedes Weibchen wirft im Frühjahr ein Lamm; die jungen Lämmer sind wieder zu 80% weiblich.
Neben dem Verkauf der Wolle lebt Ruairidh McDonald auch vom Verkauf von jährlich 500 Schafen an eine Fleischfabrik.

a) Erstellen sie eine Differenzengleichung, die die Größe der Herde zum Zeitpunkt t beschreibt, und klassifizieren sie diese.

b) Wie viele Jahre muß McDonald warten, bis sich die Herde verdoppelt hat? (Bitte ganze Jahre angeben)

c) Aus wie vielen Tieren besteht die Herde nach Ablauf des Jahres 1995?

d) Die in c) ermittelte Herdengröße soll konstant gehalten werden. Wie viele Schafe müssen dann pro Jahr geschlachtet werden?

e) Um EG-Subventionen zu erhalten, muß die Größe der Herde innerhalb von 3 Jahren auf 2000 Tiere verringert werden. Wie groß muß der jährliche Verkauf an die Fleischfabrik in diesem Fall sein?

3.2 Better-Bubble Kaugummi

Der Kaugummiproduzent "Better-Bubble" richtet seine angebotene Menge $X_{t,a}$ nach dem Produktverkaufspreis der Vorperiode P_{t-1}. Ihm ist zudem bekannt, daß die nachgefragte Menge $X_{t,n}$ vom Preis in der Periode t abhängt.
Eine in Auftrag gegebene Marktuntersuchung ermittelte die implizit dargestellte Angebotsfunktion

$$0 = \frac{4}{3} X_{t,a} - 16 - P_{t-1}$$

und die implizit dargestellte Nachfragefunktion

$$0 = -\frac{1}{3} X_{t,n} + 50 - P_t .$$

a) Geben Sie die Differenzengleichung für P_t an.

b) Geben Sie die Lösung der Differenzengleichung mit $P_0 = 20$ an.

c) Ermitteln Sie die Preise P_1 und P_2 zu den Zeitpunkten t = 1 und t = 2. Gehen Sie dabei von einem Preis $P_0 = 20$ aus.

d) Bestimmen Sie den im Cobweb-Modell zu erwartenden Gleichgewichtspreis P_G.

e) Berechnen Sie die Elastizitätsfunktion der Nachfrage.

f) Wie groß ist die Elastizität für $P_0 = 20$?

g) Kann durch eine Preiserhöhung eine Umsatzsteigerung erreicht werden ?

3.3 Hinterhubers Hühnerfarm

Bauer Hinterhuber hat eine Hühnerfarm. Seine Zucht begann er mit 250 Hühnern (Hennen und Hähne).

- Jeden Monat brüten 10% der Hühner je 8 Eier aus.
- 40% der aus diesen Eiern geschlüpften Küken werden sofort verkauft.
- 3% der Hühner sterben pro Monat.
- 90 Hühner werden jeden Monat verkauft.

a) Stellen Sie die Differenzengleichung auf, die die Veränderung des Hühnerbestandes beschreibt, und klassifizieren Sie diese.

b) Wie lautet die allgemeine Lösung der Differenzengleichung?

c) Wie viele Hühner hat Hinterhuber nach drei Monaten?

d) Hinterhuber hat Platz für 10.000 Hühner. Wann ist dieser Platz ausgeschöpft?

e) Es werden nun bei einem Bestand von 10.000 Hühnern 80 % der Küken gleich verkauft (Sterberate: 3 %/ Monat). Wie viele Hühner müßte Hinterhuber jeden Monat verkaufen, um seinen Bestand konstant zu halten?

3.4 DINO - Radiergummis

Die Firma Fraulitz AG will auf dem Markt für DINO-Radiergummis expandieren! Zur Zeit produziert (und verkauft) sie 10 Millionen DINO-Radierer, strebt aber ein Produktionsvolumen von 30 Millionen an (strategisches Ziel: "DINO-30").

Der Chef der DINO-Radierer-Fertigung sagt: "Wir können durch Ausbau unserer Kapazitäten von Jahr zu Jahr 20 % mehr DINO-Radierer produzieren und verkaufen!"

a) Stellen Sie die Differenzengleichung zu dieser Aussage auf und klassifizieren Sie diese.

b) In wieviel Jahren wird unter dieser Voraussetzung das strategische Ziel "DINO-30" erreicht sein?

Der Marketing-Chef sagt dagegen: "Wir können sogar 25 % mehr DINO-Radierer als im jeweiligen Vorjahr verkaufen. Allerdings werden in jedem Jahr 2 Millionen Stück als Werbegeschenk kostenlos abgegeben !"

c) Erstellen und klassifizieren Sie auch für diese Aussage die Differenzengleichung für die verkauften DINO-Radierer !

d) Berechnen Sie wiederum, in wieviel Jahren das Ziel "DINO-30" erreicht sein wird!

e) Wie hoch darf die Anzahl der als Werbegeschenk kostenlos abgegebenen Dino-Radierer höchstens sein, wenn die Fraulitz AG ihr strategisches Ziel "DINOS-30" in 7 Jahren erreichen will?

3.5 Parfumfläschchen

Gabriela S. sammelt Parfumfläschchen. Zu ihrem 16. Geburtstag bekommt sie von ihren Eltern einen Parfumfläschchen-Setzkasten geschenkt, der Platz für 24 Fläschchen bietet. Sie ist sehr erfreut und plaziert gleich ihre bisherige Sammlung von 10 Fläschchen. In den kommenden Jahren zieht sie halbjährlich Bilanz bezüglich ihres Bestandes an Parfümfläschchen in dem Setzkasten. In jedem Halbjahr sortiert sie 10 % der Fläschchen aus (weil sie leer sind und sie nur volle Fläschchen in dem Setzkasten sammelt) und tauscht 20% mit ihrer Freundin Priscilla P. aus, die besonders wertvolle Exemplare besitzt. Als Tauschverhältnis vereinbarten beide 2 : 1. Gabriela muß also ihrer Freundin zwei Fläschchen geben, um ein anderes zu bekommen. Glücklicherweise bekommt Gabriela in jedem Halbjahr neue Fläschchen geschenkt. Ihre Eltern schenken ihr immer zwei, ihre Verwandten immer vier Fläschchen. Es befindet sich jedoch unter den geschenkten immer eins darunter, das sie bereits hat und daher gleich weiter verschenkt, ohne es in den Setzkasten zu stellen.

a) Stellen Sie die Differenzengleichung für den Parfümfläschchenbestand in Gabrielas Setzkasten auf (eine Periode entspricht einem Halbjahr). Klassifizieren Sie die Differenzengleichung.

b) Wie viele Fläschchen hat Gabriela an ihrem 19. Geburtstag in ihrem Setzkasten stehen?

c) Nach wievielen Halbjahren ist ihr Setzkasten voll?

d) Mit wieviel Parfümfläschchen kann Gabriela langfristig (in ferner Zukunft) rechnen?

Die Marktnachfrage- und Angebotsfunktion der Parfümfläschchen seien:

Angebot: $X_{t,a} = 0{,}5\ p_{t-1} - 5$ Nachfrage: $X_{t,n} = 10 - 0{,}5\ p_t$

e) Geben Sie die Preisentwicklung für den Markt der Parfümfläschchen allgemein als Differenzengleichung an und ermitteln Sie die Preise für die ersten vier Perioden. (Anfangsbedingung: $p_0 = 10$)

f) Wie lautet der Gleichgewichtspreis? Wird er erreicht? Beschreiben Sie kurz das Ergebnis!

3.6 Vino Veritatis

Der berühmte italienische Wein "vino veritatis classico" muß vor seinem Verkauf zunächst im Keller des Weingutes lagern. Dieser Weinkeller faßt 875 Liter des edlen Getränkes. Zur Zeit der Lese werden an jedem Tag 100 Liter eingelagert. Die hochqualifizierten Kellermeister des Weingutes müssen jeden Tag die Güte des jungen Weines testen. Durch diese Verkostung nimmt der Weinbestand täglich um 10% ab.

a) Stellen Sie die Differenzengleichung auf, die die tägliche Entwicklung des Weinbestandes beschreibt.

b) Klassifizieren Sie diese Differenzengleichung.

c) Nach wie vielen Tagen ist der Weinkeller gefüllt, wenn Sie davon ausgehen, daß vor der Lese kein Wein im Keller lagerte?

Nach mehreren Jahren der Lagerung sollen die Fässer innerhalb von $t = 50$ Tagen verkauft werden. An jedem Tag trinken die Eigentümer des Weingutes 2% des aktuellen Bestandes selbst und verkaufen täglich b Liter.

d) Erstellen Sie die neue Differenzengleichung.

e) Wieviel Liter Wein müssen täglich verkauft werden, um den Keller soweit zu leeren, bis nur noch 5 Liter übrig sind?

Der Wein wird in Fässern gelagert. Jedes Faß faßt insgesamt 80 Liter Wein. Leider hat eines der Fässer ein Loch, so daß in jeder Stunde 0,25 Liter des "edlen Tropfens" auslaufen.

f) Stellen Sie die zugehörige Differenzengleichung auf.

g) Nach wie vielen Stunden ist das Faß leer?

3.7 Fernseher (F)

Für eine neuartige Fernsehervariante haben Marktforschungen folgende zu erwartende Nachfrage und Angebotsfunktion ergeben:

X_N sei die erwartete Nachfragemenge
X_A sei die erwartete Angebotsmenge
p sei der Preis pro Fernseher.

$$X_N = 1300 - 25\sqrt{p}$$

$$X_A = \frac{1}{4}(-2300 + p)$$

a) Wie viele Fernseher könnten die Anbieter verschenken, wenn sie dazu bereit wären?

b) Ab welchem Preis verkaufen die Anbieter Fernseher?

c) Ab welchem Preis wäre keiner mehr zum Kauf bereit?

d) Wie lautet der Preis, zu dem alle angebotenen Fernseher verkauft werden könnten und keine weitere Nachfrage bestehen würde (Gleichgewichtspreis)?

3.8 Bevölkerungsentwicklung (F)

Die Bevölkerungsentwicklung zweier Nachbarstädte läßt sich durch Differenzengleichungen der Form $y_t = ay_{t-1} + b$ beschreiben. (a: Wachstumsrate; b: jährlicher Zuzug)
Folgende Daten sind bekannt:
A-Stadt : $a = 1,1$ $y_0 = 22000$ $b = 500$
B-Stadt : $a = 1,05$ $y_0 = 18000$

Wie viele Leute müssen jedes Jahr nach B-Stadt zuziehen, damit beide Städte nach 15 Jahren dieselbe Einwohnerzahl haben ?

3.9 Wassertropfen und Brunnenbau (F)

a) Eine Brunnenfirma erhöht den Preis pro Meter Bohrung um jeweils den gleichen Betrag. Wie groß ist der Preiszuschlag pro Meter, wenn der erste Meter 168 DM und der 27. Meter 298 DM kostet ? Was kostet eine Bohrung, die 100 Meter tief gehen soll ?

b) In einem Wassertropfen befinden sich 118 einzellige Organismen, die sich durch Zellteilung (aus einer Zelle werden zwei Zellen) vermehren. Es wird angenommen, daß die Teilung immer gleichzeitig und im Abstand von einem Tag erfolgt.
Am wievielten Tag erfolgte die zweite Zählung, als 3776 Organismen gezählt wurden ?
Wieviel Organismen befinden sich am zehnten Tag in dem Wassertropfen ?

Arbeitshinweise:

[1] **Kallischnigg, G.; Kockelkorn, U.:** S. 42-53.
[2] **Schwarze, J.:** Band II, S. 151-156

4 Aufgaben zur Finanzmathematik

4.1 Die Quickfill - Maschine

Als Eigentümer eines Unternehmens für Benzin benötigen Sie zur Produktion des neuen Spitzenprodukts eine neue Abfüllmaschine. Aus der Vielzahl der Angebote haben Sie sich für eine Maschine des Herstellers „Quickfill" entschieden.
Der Anbieter A-Maschinenhandel verlangt für die Maschine 400.000,- DM, die sofort zahlbar sind. Der Anbieter B-Anlagenvermietung hingegen verlangt eine sofortige Anzahlung von 120.000,- DM und weitere 36 Monatsraten à 6.000,- DM zahlbar am jeweiligen Monatsende. Nach Ablauf der drei Jahre müssen Sie die Maschine wieder zurückgeben. Auf dem Kapitalmarkt beträgt der momentane Zinssatz p_M = 0,95% pro Monat (entspricht 12% p.a.).

a) Welchen Restwert müßte die Maschine nach drei Jahren haben, damit beide Angebote gleich zu bewerten sind?

Aus der Produktion sind folgende monatliche Rückflüsse zu erwarten:

Für die ersten fünf Monate:	0,- DM
Für die folgenden fünf Monate:	10'000,- DM
Für die nächsten fünfzehn Monate:	25'500,- DM
Für die restlichen Monate	15'000,- DM

b) Rentiert sich die von Ihnen anzuschaffende Maschine? Interpretieren Sie ihr Ergebnis!
Hinweis: Berechnen Sie den Barwert der einzelnen Rückflüsse.

4.2 Ede und Otto

Die beiden Bankräuber Ede und Otto haben von ihrem letzten Raub noch 30.000 DM übrig. Sie beschließen, jetzt ehrlichen Geschäften nachzugehen und wollen ins Immobiliengeschäft einsteigen. Zur Gründung ihrer GmbH benötigen sie jedoch 50.000 DM.

a) Wie lange würde es dauern, bis die beiden ihre GmbH gründen können, wenn sie ihr Geld bei der Bank zu 5,5% p.a. anlegen?
Wie lange dauert es, wenn sie zusätzlich am Ende eines jeden Jahres 1.000 DM einzahlen würden?

b) Der gerissene Finanzberater Harry will die zwei überreden, das Geld ihm zu überlassen. Harry will das Geld für sie zu einem monatlichen Nominalzins von 0,45% anlegen. Sollen Ede und Otto ihr Geld Harry oder der Bank anvertrauen? Begründung!

c) Ede und Otto entschließen sich aber, einen Kredit über 20.000 DM aufzunehmen und über 4 Jahre zu tilgen, so daß jedes Jahr gleichgroße Beträge zu zahlen sind. Der Marktzins beträgt 9% p.a.. Stellen Sie den Tilgungsplan für die ersten 2 Jahre auf.

d) Wie lange wäre die Laufzeit des Kredites, wenn sie gleichzeitig auch ihre erste Wohnung über Kredit finanzieren wollen (Kreditsumme steigt auf 160.000 DM) und jedes Jahr 8.000 DM tilgen?

e) Ede und Otto und wollen nun wissen, wie man zwei Finanzierungsalternativen miteinander vergleichen kann.

4.3 Martins Weltreise

Martin möchte gerne eine Weltreise machen, die 7.000 DM kosten wird. Er hat jedoch erst 2.000 DM gespart und bittet nun drei seiner wohlhabenden Freundinnen Anna, Berta und Clara um einen Kredit in Höhe von 5.000 DM. Die Drei verlangen keine Zinsen und haben sich folgende Rückzahlungsmodalitäten ausgedacht:

- Anna: Zahlung der gesamten 5.000 DM am Ende der Laufzeit von 20 Monaten.
- Berta: Zahlung in 20 Raten à 250 DM jeweils am Monatsende.
- Clara: Zahlung in 2 Raten à 2.500 DM, davon wird die erste nach 10 Monaten und die zweite nach 15 Monaten fällig.

a) I. Für welchen Kredit sollte sich Martin entscheiden, wenn ein Marktzins von 6% p.a. unterstellt wird?
Hinweis: Rechnen Sie mit einem Monatszins von 0,5%

II. Welchem Effektivzins p_{eff} entsprechen die monatlichen 0,5%?

Martin hat nun doch keine Lust, mit einem Schuldenberg aus dem Urlaub zurückzukommen und verschiebt seine Reise deshalb lieber um einige Monate, bis er genügend Geld gespart hat. Am 1.8.1994 zahlt er die gesparten 2.000 DM auf sein Sparbuch ein, wo er 3% Zinsen p.a. erhält. Zusätzlich zahlt er ab dem 31.8.1994 jeweils am Monatsende weitere 300 DM ein.

b) Wann (Monat und Jahr) befinden sich auf dem Sparbuch 7.000 DM, so daß Martin verreisen kann?
Hinweis: Rechnen Sie mit einem Monatszins von 0,25%.

4.4 Hugo Egons Lotteriegewinn

Hugo Egon gewann in der Lotterie den Super-Hauptpreis und hat nun die Qual der Wahl, da ihm bezüglich der Gewinnauszahlung folgendes angeboten wird:
- A: Der ganze Gewinn von 1.000.000 DM wird sofort auf ein Bankkonto überwiesen.
- B: Er bekommt an jedem 1. eines Monats eine „Rente" von 10.000 DM aufs Konto überwiesen, solange er lebt.

a) Die Bank bietet Hugo eine monatliche Verzinsung von 0,8 % an. Welchem jährlichen Effektivzins entspricht dies?

b) Wie hoch ist der Barwert des Angebots B?
Annahme: Die monatliche Verzinsung beträgt 0,8 % und Hugo lebt unendlich lange

c) Da Hugo Egon weiß, daß er nicht unendlich lange leben wird, möchte er wissen, nach wievielen Monaten beide Angebote gleich gut sind. Beantworten Sie ihm seine Frage! Er geht davon aus, daß das Geld vollständig auf der Bank verbleiben soll, die es monatlich mit 0,8 % verzinst.

Hugo entschließt sich, ein Haus (samt dazugehörigem Grundstück) zu kaufen. Der Kaufpreis soll 600.000 DM betragen. Hugo bieten sich verschiedene Finanzierungsmöglichkeiten an:

d) Er kann das Angebot A und somit den Gewinn von 1.000.000 DM annehmen und die 600.000 DM sofort zahlen. Der Rest des Gewinns bleibt auf der Bank. Welchen Betrag erhält Hugo nach dem Hauskauf für die verbleibenden 400.000 DM monatlich an Zinsen (monatlicher Zinssatz 0,8 %)?

Er entscheidet sich für Angebot B, nimmt einen Kredit (Laufzeit 150 Monate) von 600.000 DM bei der Bank auf, die eine monatliche Verzinsung des Kreditbetrages von 1 % verlangt, und entnimmt die Annuität zur Rückzahlung des Kredits der monatlich gezahlten Rente.

e) Wie hoch wäre die monatliche konstante Annuität, wenn der Kredit nach 150 Monaten getilgt sein soll? Welchen Betrag hat Hugo monatlich nach Abzug der Annuität von der Rente, die er von der Lotterie bekommt, als Zusatzgehalt zur Verfügung?

4.5 Kais Computer

Kai haßt Computer. Für seine Diplomarbeit braucht er aber doch einen. Der Händler verlangt für ein vollausgestattetes Modell 3000 DM, macht ihm aber gleich den Vorschlag, denselben Computer für 150 DM pro Woche zu mieten. Die Bearbeitungszeit für die Diplomarbeit und damit die Mietzeit beträgt drei Monate (bzw. 12 Wochen). Den benutzten Computer könnte Kai nach Ablauf der drei Monate für 1500 DM weiterverkaufen.

a) Für welche Alternative sollte sich Kai entscheiden, wenn er einen Wochenzins von 0,2 % ansetzt ?

b) Welchem effektiven Jahreszins entspricht der Wochenzins von 0,2 % ? (1 Jahr = 52 Wochen)

Nach Abschluß der Diplomarbeit verkauft Kai den Computer an seinen Bekannten Volker, der immer knapp bei Kasse ist, und die 1500 DM deshalb in 100 gleichen Monatsraten abstottern will.

c) Wie hoch sind die Monatsraten, die Volker zahlen muß, wenn Kai einen Monatszins von 0,5 % verlangt.

Nachdem Volker 48 Monatsraten (rechnen sie mit 20 DM pro Monat) gezahlt hat, verbessert sich seine Finanzlage überraschend und er möchte die verbleibende Schuld in einem Betrag abzahlen.

d) Wie hoch ist dieser Betrag ?

4.6 Aktienwerte (F)

Ein Aktionär sagt sich : "Der Wert meiner Aktie ist gleich dem Barwert (K_0) sämtlicher zukünftiger Dividendenzahlungen."
Er vermutet im nächsten und für alle weiteren Jahre ($n \rightarrow \infty$) eine gleichbleibende Dividende in Höhe von 7,- DM. Berechnen Sie den gesuchten Aktienwert ! (Marktzins = 10%)

4.7 Zerobonds (F)

a) Geben Sie die Formel für den Barwert eines Zerobonds (Nullkuponanleihe) an.

b) Ermitteln Sie für einen Zerobond die Punktelastizität des Barwertes ($\varepsilon_{K0,q}$) in Bezug auf den Diskontierungsfaktor q.

Hinweis: K_0 wird als f(q) aufgefaßt.

4.8 Tilgungsplan (F)

a) Stellen Sie einen Tilgungsplan für die ersten 3 Jahre eines Kredites über 15.000,- DM mit konstanten Annuitäten auf. Der Zins beträgt 13%, die Laufzeit 6 Jahre.

b) Vergleichen Sie die Zinselastizität von Zero-Bonds mit denen einer Anleihe mit regelmäßiger Zinszahlung.

4.9 Gustavs Lotteriegewinn (F)

Gustav hat in der Lotterie gewonnen. Ihm werden zwei Alternativen angeboten:
A: Gustav erhält ein ewiges Gehalt in Höhe von 8.000 DM monatlich. Die Überweisung erfolgt am Anfang des Monats.
B: Gustav erhält eine einmalige Zahlung in Höhe von 400.000 DM.
Der monatlichen Zins beträgt $p_M = 2\%$.

Für welche Alternative soll sich Gustav entscheiden, wenn er davon überzeugt ist, daß er...
a) ...noch 6 Jahre lebt?
b) ...unendlich lange lebt?

4.10 Geldanlage (F)

Sie wollen ihr Geld langfristig anlegen. Ihre Bank schlägt Ihnen dazu zwei unterschiedliche Anleihen vor:

Alternative 1:Zero-Bond, Laufzeit 10 Jahre, Ausgabekurs 50,83 DM, Rückkaufpreis 100 DM
Alternative 2:Anleihe, Laufzeit 10 Jahre, Ausgabekurs 104 DM, Rückkaufpreis 100 DM, jährliche Zinszahlung 8 DM

a) Berechnen Sie die Effektivverzinsung des Zero-Bonds.
b) Bei welchem Ausgabekurs würde die Anleihe dieselbe Effektivverzinsung bieten?
c) Für welche Alternative der ursprünglichen Angebote sollten Sie sich entscheiden?

Arbeitshinweise:

[1] **Kallischnigg, G.; Kockelkorn, U,:** S. 60-68.
[2] **Schwarze, J.:** Band I, S. 169-183.

5 Aufgaben zu den Funktionen und Differentialrechnung 1

5.1 Funktion: $f(x) = (4x + 5) / (x - 1)^4$

Gegeben sei die folgende Funktion:

$$f(x) = \frac{4x+5}{(x-1)^4}$$

a) Geben Sie zu der Funktion f(x) den maximalen Definitionsbereich in der Menge der reellen Zahlen an.

b) Untersuchen Sie die Funktion auf Polstellen. Klassifizieren Sie diese Polstellen gegebenenfalls.

c) Welche Nullstellen besitzt die Funktion und wo schneidet ihr Graph die Ordinate?

d) Berechnen Sie den Grenzwert für $x \to +\infty$ und $x \to -\infty$.

e) Wo liegen die Extrempunkte der Funktion?

f) Berechnen Sie die Wendepunkte von f(x).

g) Für welche $x \in R$ ist die Funktion konvex und für welche konkav ?

h) Fertigen Sie anhand der Ergebnisse eine Skizze des Graphen an.

5.2 Funktion: $f(x) = x + 3 - \frac{4}{x^2}$

Gegeben sei folgende Funktion:

$$f(x) = x - \frac{4}{x^2} + 3$$

Untersuchen Sie die Funktion auf:

a) Nullstellen,

b) Symmetrie,

c) Extremwerte,

d) Wendepunkte,

e) Asymptoten,

f) Polstellen,

g) Krümmung.

h) Skizzieren Sie die Funktion.

5.3 Funktion: $f(x) = 3yx^2 - 12yx + 12y - x^3 = 0$

Gegeben sei folgende Funktion in impliziter Darstellung:

$$3yx^2 - 12yx + 12y - x^3 = 0$$

Führen Sie eine Kurvendiskussion durch, unter Behandlung folgender Punkte:

a) Geben Sie die explizite Darstellung der Funktion $y = f(x)$ an,

b) den maximalen Definitionsbereich,

c) Symmetrieeigenschaften,

d) Polstellen,

e) Asymptoten,

f) Nullstellen,

g) relative Extremwerte,

h) und die Wendepunkte.

i) Bestimmen Sie, für welche $x \in R$ die Funktion konvex und konkav ist.

j) Skizzieren Sie den Graph der Funktion in den Intervallgrenzen [-8 , 10].

Hinweis: Benutzen Sie bei der expliziten Darstellung und für die weiteren Rechnungen die binomischen Formeln!

5.4 Funktion: $f(x) = \ln (x^2 + 1)$

Gegeben sei die Funktion

$$f(x) = \ln (x^2 + 1)$$

Untersuchen Sie die Funktion auf:

a) Maximalen Definitionsbereich,

b) Symmetrie,

c) Nullstellen,

d) Extrema,

e) Monotonie,

f) Wendepunkte und

g) Krümmung.

h) Skizzieren Sie den Graphen!

5.5 Funktion: f(x) = (2x² + 3x - 2)/(x - 2)

Gegeben sei die Funktion

$$f(x) = \frac{2x^2 + 3x - 2}{x - 2}$$

Untersuchen Sie die Funktion auf:

a) maximalen Definitionsbereich,

b) Symmetrie,

c) Nullstellen,

d) Extrema,

e) Wendepunkte,

f) Krümmung und

g) asymptotisches Verhalten.

h) Skizzieren Sie den Graphen!

5.6 Grenzwerte (F)

a) Berechnen Sie folgende Grenzwerte:

I. $\lim\limits_{x \to \infty} \frac{x^5 + 3x^2 + 12}{2x^5 + 10}$

II. $\lim\limits_{x \to 0} \frac{x^2}{\sin(x)}$

III. $\sum\limits_{i=1}^{\infty} 0{,}8^i$

b) Berechnen Sie die ersten beiden Ableitungen der Funktion $f(x) = e^{5x}$.
Treten relative Extrema auf ?

5.7 Definitionsbereich (F)

Gegeben ist die folgende Funktion:

$$f(x) = \frac{x^3 + x^2 - 8x - 12}{x - 3} + \ln(\frac{1}{e^x}).$$

a) Bestimmen Sie den maximalen Definitionsbereich von f(x).

b) Untersuchen Sie die Lücken des Definitionsbereiches nach Polstellen bzw. stetig behebbaren Lückenstellen. (Im Falle einer Lücke betrachten Sie nur noch die vereinfachte Funktion!)

c) Bestimmen Sie Extremstellen und entscheiden Sie, ob es sich um ein Minimum oder ein Maximum handelt.

5.8 Funktion: $f(x) = 2x^3 + x^2 - 22x + 24$ (F)

Gegeben sei folgende Funktion:

$$f(x) = 2x^3 + x^2 - 22x + 24$$

Bestimmen Sie die Nullstellen!

5.9 Ableitungen (F)

Berechnen Sie zu den folgenden Funktionen jeweils die erste Ableitung:

a) $f(x) = \sqrt{x} \cdot e^{\sin x}$

b) $f(x) = \frac{e^{\sqrt{x}}}{x^2}$

c) $f(x) = x^2 \cdot \cos x$

5.10 Funktion: $f(x) = x^3 - 3x^2 - ax + 24$ (F)

Gegeben sei die Funktion $f(x) = x^3 - 3x^2 - ax + 24$

a) Bestimmen Sie den Parameter a so, daß die Funktion eine Nullstelle für $x = 1$ hat.

b) Berechnen sie die Nullstellen der Funktion für $a = 22$.

5.11 Funktionsverläufe (F)

a) Stellen Sie fest, ob es sich bei den folgenden Kurven um Funktionen handelt.

b) Sind die Funktionen injektiv?

1)

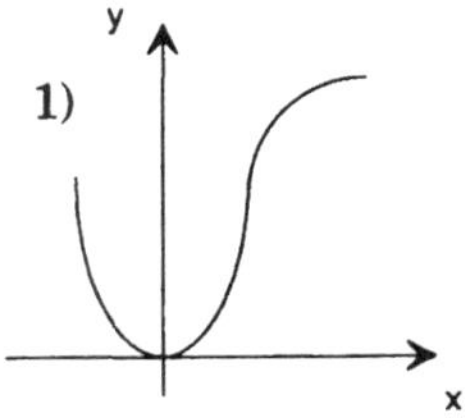

2)

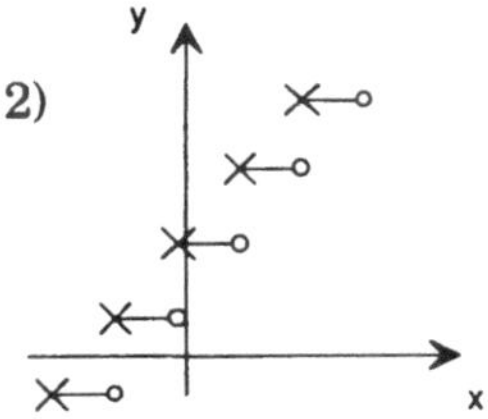

3)

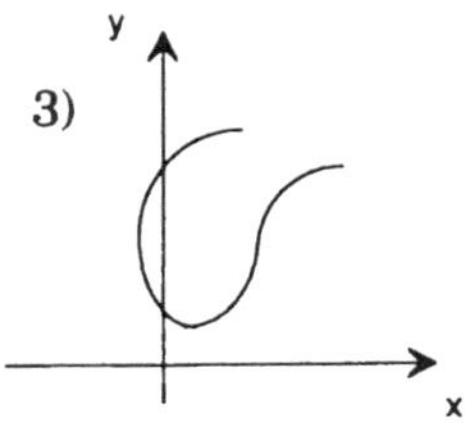

4)

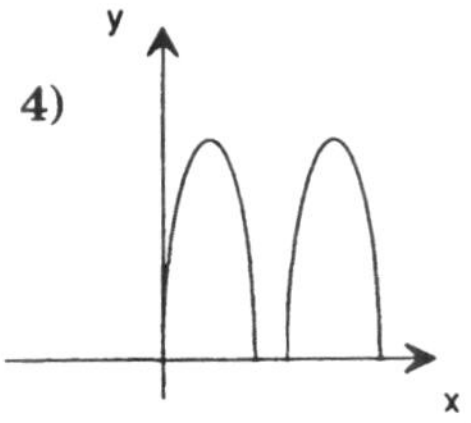

5)

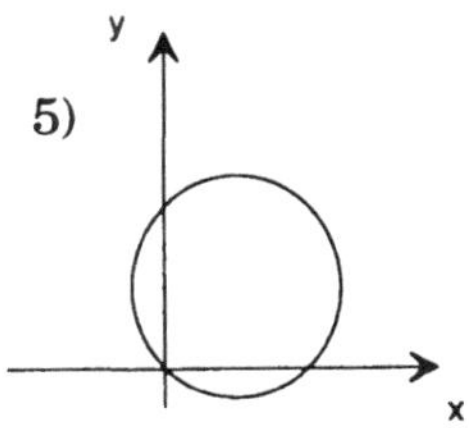

Arbeitshinweise:

[1] **Kallischnigg, G.; Kockelkorn, U.:** S. 87-106.
[2] **Schwarze, J.:** Band I, S. 85-132 und Band II, S. 9-60.
[3] **Ohse, D.:** Band I, S. 175-236

6 Aufgaben zu wirtschaftswissenschaftlichen Funktionen

6.1 Produktionsfunktion: $x(r) = -20 + 0{,}1r$

Für die Herstellung eines Gutes gilt die Produktionsfunktion: $x(r) = -20 + 0{,}1r$.
(r: Menge des Inputs ; x: Menge des Outputs)

Der Preis pro Faktoreinheit r (Input) beträgt 2 GE (= Geldeinheiten).

Zur Produktion dieses Gutes muß eine Maschinenhalle gemietet werden, für die Kosten in Höhe von 300 GE pro Monat anfallen.

Aus Marktforschungen ergab sich folgende Preis-Absatz-Funktion: $p(x) = 220 - 4x$

a) Bestimmen Sie die Gesamtkosten- und die Grenzkostenfunktionen (für den Zeitraum eines Monats) !

b) Welche Produktionsmenge ist kostenminimal ?

c) Bestimmen Sie die Umsatz- und die Grenzumsatzfunktion !

d) Wieviel würden Sie als Unternehmerin bzw. Unternehmer produzieren, und wie hoch wäre bei dieser Menge Ihr realisierter Gewinn ?
Handelt es sich hierbei um ein Gewinnmaximum in der vollständigen Konkurrenz oder im Monopol ?

e) Welcher Preis würde für die unter d) ermittelte Ausbringungsmenge verlangt werden ?

6.2 Kartoffelanbau

Der Agrarökonom B. Rösel hat sich dem biologisch-dynamischen Anbau von Kartoffeln verschrieben. Unter kurzfristigen Gesichtspunkten ist die Menge der geernteten Kartoffeln (X) ausschließlich von der eingesetzten Menge Mistes (r) in der Form:

$$X(r) = \sqrt{8r + 16} - 4$$

abhängig.

a) Bestimmen Sie die Durchschnitts- und Grenzertragsfunktion.

Als gewinnmaximierender Unternehmer möchte B. Rösel seine optimale Produktionsmenge pro Jahr berechnen. Die Pacht für den Acker beträgt dabei pro Erntejahr 10 DM (Fixkosten). Eine Einheit des Faktors Mist kostet 2 DM.

b) Ermitteln Sie analytisch die Gesamtkostenfunktion. Berechnen und erläutern Sie in diesem Zusammenhang die Begriffe:
- Durchschnittskosten DK(X)
- Grenzkosten GK(X).

B. Rösel weiß, daß auf dem Markt für biologisch-dynamisch angebaute Kartoffeln vollständige Konkurrenz herrscht und der Marktpreis für dieses Produkt pro Mengeneinheit 10 DM beträgt.

c) Bestimmen Sie die Gewinnfunktion und ermitteln Sie die gewinnmaximale Outputmenge.

d) Wie hoch ist bei dieser Outputmenge Rösels Gewinn pro Jahr?

6.3 Der Erfinder

Ein Erfinder will ein neues Produkt am Markt unterbringen, dessen Produktionsfunktion

$$x(r) = -\sqrt[4]{81} \cdot \sqrt{225} + \frac{1}{5}\sqrt[3]{64r^3}$$

lautet.

a) Wie lauten die Durchschnitts- und Grenzertragsfunktion?

b) Eine Einheit des Faktors r kostet 4 GE, die Fixkosten der Produktion belaufen sich auf 25 GE. Wie lautet die Gesamtkostenfunktion?

c) Eine Untersuchung, die der Erfinder in Auftrag gab, ergab, daß sich die Nachfrage nach seinem Produkt wie folgt ergibt: $x_N = 4 \cdot \sqrt[4]{625} \cdot \sqrt{225} - \frac{\sqrt{144}}{3} \cdot p$ (Preis-Absatz-Funktion). Wie lautet die Umsatzfunktion?

d) Welches ist die gewinnmaximale Angebotsmenge, die der Erfinder anbieten sollte, und wie hoch ist der Preis pro Mengeneinheit? Wie hoch ist sein Gewinn?

e) Nehmen Sie an, daß der Erfinder kein Monopolist ist. Die Nachfragefunktion für ein Gut lautet: $x_N = 4 \cdot \sqrt[4]{625} \cdot \sqrt{225} - \frac{\sqrt{144}}{3} \cdot p$, die Angebotsfunktion $x_A = -5 \cdot \sqrt[3]{216} + \frac{21}{\sqrt{9}} \cdot p$. Wie hoch sind Gleichgewichtspreis und -menge?

6.4 Der Monopolist

Ein Monopolunternehmen hat folgende Gewinnfunktion:

$$G(x) = -8{,}4x^2 + 33{,}6x - 3$$

zusätzlich ist die Kostenfunktion des Unternehmens bekannt:

$$K(x) = 3{,}4x^2 + 6{,}4x + 3$$

a) Ermitteln Sie die gewinnmaximale Absatzmenge x_{max} und berechnen Sie für diese die Höhe der Grenzkosten und Durchschnittskosten.

b) Ermitteln Sie die Umsatzfunktion und bestimmen Sie die Preis-Absatz-Funktion p(x).

c) Bestimmen Sie die Nachfragefunktion x(p) .
Wie groß ist die Preiselastizität der Nachfrage im Gewinnmaximum?

d) Bei welchem Preis liegt die Grenze zwischen elastischem und unelastischem Bereich?

6.5 Freetime-GmbH

Die Freetime-GmbH verkauft zusätzliche Zeit an Studenten, die gerne mehr als 24 Stunden am Tag lernen möchten. Sie ist das erste und einzige Unternehmen, das es geschafft hat, die Tage künstlich zu verlängern. Ihr steht folgende gesamtwirtschaftliche Nachfrage gegenüber:

$x = -\frac{1}{3} p + 15.$ Die Kostenfunktion lautet $K = 9x + 60$.

a) Bestimmen Sie die Grenzkostenfunktion.

b) Bestimmen Sie die Durchschnittskostenfunktion. Gibt es ein Minimum der Durchschnittskosten? Wenn ja, für welche Produktionsmenge?

c) Bilden Sie die Umkehrfunktion der Nachfragefunktion und bestimmen Sie die Umsatzfunktion und die Grenzumsatzfunktion. Gibt es ein Umsatzmaximum? Wenn ja, für welche Produktionsmenge?

d) Bestimmen Sie den Bereich der positiven Gewinne sowie die gewinnmaximale Menge.

6.6 Das Medikament

Ein mittelständisches Unternehmen hat als erstes auf der Welt ein Medikament gegen eine bisher unheilbare Krankheit entwickelt und kann daher als Monopolist agieren. Das Medikament besteht aus einem Wirkstoffe r. Die Produktionsfunktion lautet:

$X = X(r) = 2r.$

Eine Einheit des Wirkstoffes r kostet 4 GE. Die fixen Kosten betragen 100 GE. Auf dem Markt steht das Unternehmen folgender Nachfragefunktion gegenüber:

$X = X(p) = 40 - 2p.$

a) Berechnen Sie die Durchschnittsertragsfunktion und die Grenzertragsfunktion.

b) Wie lautet die Faktorverbrauchsfunktion für r(X)?

c) Stellen Sie die Kostenfunktion auf ! Wie hoch sind die zusätzlichen Kosten, die entstehen, wenn zusätzlich eine Einheit produziert wird ?

d) Wie lautet die Preis-Absatz-Funktion ?

e) Bestimmen Sie die Umsatzfunktion in Abhängigkeit der Produktionsmenge und geben Sie den Preis an, für den der Umsatz maximal ist!

f) Bestimmen Sie die gewinnmaximale Ausbringungsmenge und den maximalen Gewinn !

g) Zu welchem Preis sollte eine Einheit des Medikaments angeboten werden ?

6.7 Eine Kostenfunktion (F)

Gegeben seien folgende Funktionen eines Unternehmens:
Nachfragefunktion: $-x - 4p + 100 = 0$

Produktionsfunktion: $x = 2 \cdot \sqrt{\frac{6}{7} r}$

Der Faktorpreis für eine Einheit von r beträgt 2 DM und die Fixkosten 14 DM.

Berechnen Sie:

a) die Kostenfunktion und

b) die Preiselastizität der Nachfrage.

c) Bei welchem Preis ändert sich der Umsatz des Unternehmens nach einer sehr kleinen Preisänderung nicht?

Arbeitshinweise:

[1] **Kallischnigg, G.; Kockelkorn, U.:** S. 107-120.
[2] **Schwarze, J.:** Band I, S. 132-135.
[3] **Ohse, D.:** Band I, S. 221-226.

7 Aufgaben zu den Elastizitäten

7.1 Prohibitivpreis von 68 DM

Die Nachfragemenge x_N eines Gutes ist linear abhängig vom Preis p dieses Gutes, und es gelten folgende Aussagen:

Der Prohibitivpreis (das ist der Preis, bei dem die Nachfragemenge gerade Null ist) dieses Gutes ist 68 DM je Stück. Die Sättigungsmenge (das ist die Menge, die bei einem Preis von Null nachgefragt wird) beträgt 34 Stück.

Das Angebot an diesem Gut wird bestimmt durch die Angebotsfunktion:

$$x_A = 2p^2 + \frac{23}{2}p + 2.$$

a) Wie lautet die Nachfragefunktion $X_N = f(p)$?

b) Geben Sie Gleichgewichtspreis und -menge an!
Hinweis: Der Gleichgewichtspreis ist der Preis, bei dem Angebots- und Nachfragemenge gleich sind.

c) Wie groß ist die Preiselastizität der Nachfrage im Gleichgewicht?

d) Wie groß ist die Preiselastizität des Angebots im Gleichgewicht?

e) Bestimmen Sie für die Nachfragefunktion die Grenze zwischen elastischem und unelastischem Bereich!

7.2 Olympia 2000

Um bei der Auswahlentscheidung für Olympia 2000 die Nase vorn zu haben, ist die Olympia-GmbH bemüht, möglichst viele Berliner für die Spiele zu gewinnen. Ein entscheidendes Kriterium für die Akzeptanz der Olympischen Spiele ist der Eintrittspreis für das Stadion. Die Olympia-GmbH hat durch Marktforschungsanalysen festgestellt, daß die Nachfrage nach Eintrittskarten beim "Durchschnitts-Berliner" durch die folgende Funktion beschrieben wird:

$$p = \sqrt{\frac{1500}{x-10}} + 15$$

mit p = Eintrittspreis in DM und x = Nachfrage nach Eintrittskarten in 1000 Mengeneinheiten (ME).

Das Stadion faßt insgesamt 70.000 Zuschauer (x = 70 !). Die Eintrittskarten sollen zu einem Einheitspreis abgegeben werden.

a) Bestimmen Sie die Elastizitätsfunktion der Nachfrage bezüglich des Preises.

b) Wie viele Karten werden bei einem Preis von p = 20 DM verkauft ?

c) Wie groß ist bei diesem Preis die Elastizität der Nachfrage ?Interpretieren Sie das Ergebnis.

d) Wie hoch ist der Umsatz durch den Verkauf der Karten bei p = 20 DM ? Kann dieser Umsatz durch eine Veränderung des Preises noch gesteigert werden? Begründen Sie Ihre Antwort kurz.

Aufgrund der hohen Elastizität der Nachfrage beschließt der Senat, nur 40.000 Karten im freien Verkauf für 20 DM anzubieten. Die restlichen 30.000 Karten sollen als exklusive Sonderkarten verkauft werden. Die Nachfrage nach den Sonderkarten kann durch die lineare Funktion: $p = 500 - 15\,x$ beschrieben werden (x in 1000 ME !).

e) Ermitteln Sie den maximalen Umsatz durch den Sonderverkauf.

7.3 Ninja Turtles

Die Ninja Turtles haben einen Pizzastand eröffnet. Zunächst verkaufen sie jede Pizza für 5 DM. Der Zusammenhang zwischen dem Preis und der abgesetzten Menge ist der folgende:

$$X(p) = \frac{-30p + 450}{p + 25}$$

a) Geben Sie den Bereich für p an, für den die nachgefragte Menge nicht negativ und daher ökonomisch sinnvoll ist.

b) Wie viele Pizzen werden bei dem derzeitigen Preis verkauft?

c) Bestimmen Sie die Preiselastizität der Nachfrage.
In welchem Bereich liegt die Preiselastizität der Nachfrage für p = 5?
Welche Aussage läßt sich über den Umsatz machen, wenn der Preis noch etwas erhöht wird?

d) Bei welchem Preis ist die Grenze zwischen elastischem und unelastischem Bereich erreicht?

7.4 Dauerlutscher

Tante Emma verkauft in ihrem Laden besonders große Dauerlutscher für p = 5 ,- DM. Ihr Neffe Erwin hat festgestellt, daß folgende Abhängigkeit der Nachfragemenge x vom Preis p besteht:

$$\ln\left(\frac{x}{2p}\right) = -\,2p$$

a) Ermitteln Sie die Preiselastizität der Nachfrage!

b) Wie groß ist die Preiselastizität der Nachfrage für den jetzigen Verkaufspreis von 5 ,- DM pro Dauerlutscher?

c) Um wieviel ändert sich ungefähr die Nachfrage, wenn Tante Emma den Preis auf 4,95 DM senkt? (Angabe in %)

d) Bestimmen Sie die Preisgrenze zwischen elastischem und unelastischem Bereich!

Leider hat sich Erwin bei der Bestimmung der Nachfragefunktion total geirrt. In Wirklichkeit lautet die Nachfragefunktion:

$$p = \sqrt{\frac{2}{x}}$$

e) Wie groß ist die Preiselastizität der Nachfrage und die Grenze zwischen elastischen und unelastischen Bereich wirklich?

7.5 Vorstandsassistent

Nach Ihrem Studium arbeiten Sie als hochbezahlter Vorstandsassistent bei einem großen deutschen Automobilhersteller. Der Vorstandsvorsitzende R. Euter, der selbst schon einige Jahre aus dem Studium heraus und daher nicht mehr so fit in Mathe ist, erfährt, daß Sie ihr Diplom an der TU Berlin absolviert haben, und beauftragt Sie daher mit einem Spezialproblem. Er teilt Ihnen mit, daß die Statistiker der Marktforschungsabteilung seines Hauses zwischen der Nachfragemenge x (in Stück) nach einem bestimmten Automobil-Modell und dessen Preis p (in 1000,- DM) folgenden funktionalen Zusammenhang ermittelt haben:

$$x \cdot p^2 = 500.000 - 50 \cdot p^2 \quad ; p > 0$$

Herr Euter erteilt Ihnen folgende Aufgaben:

a) Ermitteln Sie eine Nachfragefunktion x = x(p) !

b) Der Konzern möchte herausbekommen, zu welchem Preis die Kunden nicht mehr bereit sind das Modell zu kaufen. Ermitteln Sie diesen Preis !

c) Wie lautet die Elastizitätsfunktion der Nachfrage bezüglich des Preises ?

d) Bestimmen Sie die Elastizität für einen Preis von 50.000,- DM (d.h. p = 50) und interpretieren Sie das Ergebnis !

e) Der Preis des Modells beträgt zur Zeit 50.000,- DM (p=50). Ermitteln Sie die durchschnittliche Preiselastizität der Nachfrage, wenn der Preis um 5.000,- DM ($\Delta p=5$) erhöht wird. Interpretieren Sie das Ergebnis in Abgrenzung zu 4) !

f) Gibt es eine Grenze zwischen elastischem und unelastischem Bereich ?

7.6 Ohne Titel I

Für ein Gut gilt die folgende Angebotsfunktion (x: Menge in Stück p: Preis in Geldeinheiten):

$$x(p) = p^2 \cdot e^{3p} \qquad p \geq 0$$

a) Berechnen Sie jeweils die Angebotsmenge bei einem Preis von p = 1 GE und p = 1,5 GE. Berechnen Sie die Durchschnittselastizität für die Preiserhöhung von p = 1 GE auf p = 1,5 GE und interpretieren Sie den Wert.

b) Berechnen Sie die Elastizitätsfunktion des Angebots bezüglich des Preises..

c) Berechnen Sie die Elastizität für einen Preis von p = 1 GE und interpretieren Sie Ihr Ergebnis. Befinden wir uns im elastischen oder im unelastischen Bereich ?

d) Existiert eine Grenze zwischen elastischem und unelastischem Bereich? Wenn ja, bei welchem Preis liegt diese Grenze ?

Arbeitshinweise:

[1] **Kallischnigg, G.; Kockelkorn, U.:** S. 121-130.
[2] **Schwarze, J.:** Band II, S. 100-114.

8 Aufgaben zur Differentialrechnung 2

8.1 Lieferwagen

Sie möchten für Ihre Firma 30 neue Lieferwagen kaufen. Ein Autohändler bietet zwei verschiedene, für Sie brauchbare Modelle mit den Namen Liewa und Transpo an. Um Ihre mathematischen Fähigkeiten auf die Probe zu stellen, macht Ihnen der Verkäufer folgendes Angebot:

Entweder Sie kaufen 30 Autos unabhängig von dem Modell zu einem Stückpreis von 50.000 DM oder Sie kaufen die 30 Lieferwagen zu einem Preis, der sich nach folgender Formel berechnen läßt:

x: Anzahl der gekauften Liewas
y: Anzahl der gekauften Transpos
P: Gesamtpreis (in 100.000 DM)

$$P(x,y) = \frac{3}{2}x^2 + y^2 + 25x - 30y + 20$$

a) Formulieren Sie die Nebenbedingung in Form einer linearen Gleichung.

b) Bestimmen Sie die preisgünstigste Lieferwagenkombination bei der zweiten Preisalternative unter der Nebenbedingung mit der

I. Substitutions- und
II. Lagrangemethode.

c) Ist der Preis dann niedriger als bei der ersten Preisalternative?

8.2 Diamantbohrer und Turbinenschaufeln

In einem Lager mit einer Lagerkapazität von 4500 Mengeneinheiten (ME) werden zwei Materialarten M_1 und M_2 gelagert. Bei dem Material M_1 handelt es sich um hochwertige Diamantbohrer, bei M_2 um Turbinenradschaufeln. Zur Lagerung eines Diamantbohrers benötigt man genau eine ME der Lagerkapazität. Die Lagerung einer Turbinenradschaufel beansprucht aufgrund ihres mächtigen Volumens bereits 2 ME.
Da die Lagerkapazität begrenzt ist, konkurrieren die Materialarten um den verfügbaren Lagerplatz. Zur Zeit sei das Lager leer, so daß die volle Lagerkapazität zur Verfügung steht. Durch eine neue Bestellung soll das Lager vollständig aufgefüllt werden.

Die Lagerkosten können angegeben werden durch die Gleichung:

$$K_L = (4000 - x_1)^2 + (2750 - x_2)^2$$

mit x_1 = Bestellmenge für M_1 und x_2 = Bestellmenge für M_2

a) Formulieren Sie die Nebenbedingung in Form einer linearen Gleichung !

b) Welche Mengen x_1 und x_2 müssen bestellt werden, um die Lagerkosten zu minimieren? Verwenden Sie zur Lösung die Lagrangemethode!

c) Wie hoch sind die minimalen Lagerkosten?

d) Überprüfen Sie Ihr Ergebnis mit Hilfe der Umgebungspunkte!
Hinweis: Zeigen Sie anhand einer Überprüfung der Umgebungspunkte, daß der gefundende Extremwert minimal bezüglich der Lagerkosten ist!

8.3 Ohne Titel II

Für die Herstellungskosten eines Produktes gilt folgende Funktion:

$$K(x) = 0{,}25x^2 - 10x + 250$$

Dabei ist x die produzierte Menge, der Verkaufspreis pro Stück ist p DM.

a) Stellen Sie die Gleichung für den Gewinn in Abhängigkeit von p und x auf, d.h. G(x,p).

b) Wie groß müssen Preis und Produktionsmenge gewählt werden, wenn der Gewinn maximal sein soll und der Umsatz 800 DM beträgt? Wie groß ist der maximale Gewinn?

Verwenden Sie:
I . die Substitutionsmethode und
II. die Lagrange-Methode.

Überprüfen bzw. zeigen Sie, ob es sich jeweils um den maximalen Gewinn handelt.

c) Wie groß müssen Preis und Produktionsmenge sein, wenn die Funktion für die Herstellkosten

$$K(x) = 0{,}25x^2 - 10x + 400$$

lautet und wieder nach dem maximalen Gewinn gefragt ist (unter derselben Umsatzrestriktion)? Wie groß ist dann der maximale Gewinn?

8.4 Joggingschuhe

Der Absatz a [in Millionen Stück] hochwertiger Jogging-Schuhe der Firma Hirschbock ist sowohl von den Werbeausgaben w [in Millionen DM], als auch von Ausgaben für das Sponsoring s [in Millionen DM] erfolgreicher Athleten abhängig.

Dabei ergibt sich folgender funktionaler Zusammenhang:

$$a = f(w,s) = -2{,}5(s - 4)^2 - 2w^2 - 4s + 2sw + 50.$$

a) Bestimmen Sie die Werte für s und w, die zu einem maximalen Absatz der Jogging-Schuhe führen.

b) Überprüfen Sie Ihr Ergebnis mit Hilfe der hinreichenden Bedingung für Extremwerte!

c) Wie viele Jogging-Schuhe werden dabei abgesetzt?

Die aktuelle Finanzplanung hat ergeben, daß für Werbung und Sponsoring nur insgesamt 4,7 Millionen DM zu Verfügung stehen.

d) Formulieren Sie die Nebenbedingung in Form einer linearen Gleichung!

e) Bestimmen Sie nun die absatzmaximalen Werte für s und w unter Berücksichtigung der Nebenbedingung mit Hilfe der Lagrange-Methode (Die Umgebungspunkte müssen nicht betrachtet werden) .

f) Wir groß wäre in diesem Fall der Absatz a?

8.5 Klausurerfolg

Zwei Studenten unterhalten sich über ihre Klausur am nächsten Tag, die beide möglichst gut schreiben wollen. Beide haben bis jetzt überhaupt nicht gelernt und überlegen sich, wie sie die verbleibenden 20 Stunden am sinnvollsten nutzen sollen.

Ein erfahrener Tutor verrät den beiden die folgende Formel, die den Klausurerfolg p in Prozent in Abhängigkeit von den zwei Parametern x (Schlaf- und Entspannungszeit vor der Klausur in Stunden) und y (Vorbereitungszeit in Stunden) angibt.

$$p(x,y) = \frac{1}{2}xy + 2y$$

a) Wieviel Prozent der Klausur wird Student A schaffen, der die gesamten verbleibenden 20 Stunden zur Vorbereitung nutzt und nicht schläft.

b) Wie wird sich der mathematisch begabte Student B seine Zeit einteilen, um ein möglichst gutes Klausurergebnis zu erzielen. Wie viele Stunden schläft und entspannt er ? Besteht er die Klausur (mindestens 50%) ?

I. Lösen Sie dieses Optimierungsproblem mit der Substitutionsmethode.
II. Überprüfen Sie Ihr Ergebnis mit der Lagrange-Methode.
Hinweis: Die Umgebungspunkte müssen nicht betrachtet werden.

8.6 Zwei-Komponenten-Kunststoff

In einer Firma soll eine bestimmte Menge Kunststoff aus zwei Komponenten gefertigt werden. Zu diesem Zweck stehen der Firma 72 Geldeinheiten Eigenkapital zur Verfügung. Der Rest des benötigten Kapitals soll als Kredit aufgenommen werden. Der Betrag, der geliehen wird, soll so klein wie möglich gehalten werden. Aufgrund der zu produzierenden Menge und der Zusammensetzung des Materials müssen von den Komponenten X und Y so viel gekauft werden, daß folgende Gleichung eingehalten wird:

x: Mengeneinheiten der Komponente X
y: Mengeneinheiten der Komponente Y

$$\sqrt[3]{xy + 24} = 6$$

Eine Mengeneinheit der Komponente X kostet 128 Geldeinheiten, eine Mengeneinheit der Komponente Y kostet 96. Die vollständige Funktionen für die aufzunehmende Kreditsumme lautet daher:

$$k(x,y) = 128x + 96y - 72$$

a) Vereinfachen Sie zuerst die Nebenbedingung!
Bestimmen Sie mit Hilfe der Substitutionsmethode die Mengenkombination, die zur geringsten Kreditaufnahme führt und geben Sie die Höhe der Verschuldung bei dieser Kombination an.

b) Bestimmen Sie die Extremstelle erneut, diesmal unter Verwendung der Lagrangemethode. Weisen Sie durch Betrachtung von geeigneten Umgebungspunkten nach, daß es sich um ein Minimum handelt.

8.7 Segel- und Motorjachten

Die Titanic AG stellt Motor- und Segeljachten her. Der monatliche Gewinn des Unternehmens ist abhängig von der Menge x der hergestellten Motorjachten und der Menge y der hergestellten Segeljachten. Die Gewinnfunktion lautet:

$$G(x,y) = x - 2{,}5y + 0{,}5xy - (x + y - 10)^2 + 18.$$

a) Berechnen Sie die gewinnmaximale Anzahl an Motorjachten x und Segeljachten y.

b) Zeigen Sie mit Hilfe der hinreichenden Bedingung für lokale Extrema, daß die gefundenen Werte tatsächlich die Gewinnfunktion maximieren.

c) Berechnen Sie den maximalen Gewinn [in GE].

Die Titanic AG hat einen Auftrag aquiriert, der sie zwingt, genau 20 Schiffe zu produzieren, wobei es egal ist, ob es sich dabei um Segel- oder Motorjachten handelt.

d) Formulieren Sie die lineare Nebenbedingung.

e) Berechnen Sie unter Berücksichtigung dieser Nebenbedingung die gewinnmaximalen Mengen an Motor- und Segeljachten. Ist die mathematische Lösung sinnvoll?
Hinweis: Die Umgebungspunkte brauchen bei dem Lagrange-Ansatz nicht betrachtet zu werden!

Arbeitshinweise:

[1] **Kallischnigg, G.; Kockelkorn, U.:** S. 131-155.
[2] **Schwarze, J.:** Band I, S. 136-149 und Band II, S. 61-99.
[3] **Ohse, D.:** Band I, S. 237-287.

9 AUFGABEN ZUR INTEGRALRECHNUNG

9.1 Integrale 1 (F)

Ermitteln Sie die Integrale :

a) $\int x \ln x \, dx$ b) $\int e^{\sin x} \cdot \cos x \, dx$ c) $\int \frac{1 - 2x}{1 - 4x + 4x^2} \, dx$

9.2 Flächenberechnung (F)

Gegeben seien folgende Funktionen:

$f(x) = x^2 + 5$
$g(x) = 4x + 5$

Skizzieren Sie die beiden Funktionsgraphen in einem gemeinsamen Diagramm. Berechnen Sie die von den beiden Graphen eingeschlossene Fläche.

9.3 Integrale 2 (F)

a) Ermitteln Sie das Integral $\int a(4+2x)^{-2} \, dx$! $(a \in R)$

b) Für welches a ist $\int_0^2 a(4+2x)^{-2} \, dx = 1$?

<u>Arbeitshinweise:</u>

[1] **Kallischnigg, G.; Kockelkorn, U.:** S. 156-164.
[2] **Schwarze, J.:** Band II, S. 115-134.
[3] **Ohse, D.:** Band I, S. 288-318.

10 Aufgaben zu Differentialgleichungen

10.1 Grenzsteuerfunktion und Radioaktivität

a) Die Grenzsteuerfunktion eines Landes sei durch folgende Funktionsgleichung gegeben :

$$s'(x) = \begin{cases} s_1'(x) = x / 200000 \text{ für } & 0 < x < 100000 \\ s_2'(x) = 0{,}5 \quad \text{ für } & x > 100000 \end{cases}$$

mit x = Jahreseinkommen in GE

I. Berechnen Sie die (natürlich stetige) Steuerfunktion s(x). Bei einem Einkommen von 0 GE müssen keine Steuern gezahlt werden.

Hinweis:Abschnittweise definierte Funktionen werden auch abschnittweise integriert!
Wegen der Stetigkeit von s(x) muß $s_1(100000) = s_2(100000)$ sein!

II. Berechnen Sie den Wert für die Steuer und die Grenzsteuer bei einem Einkommen von 25000 GE und interpretieren sie die Werte kurz.

b) Der Zerfall eines radioaktiven Elements läßt sich durch folgende Differentialgleichung beschreiben:

$$\frac{dN}{dt} = -\alpha N$$

N: Teilchenzahl

t: Zeit

α: Zerfallskonstante

I. Klassifizieren Sie die Differentialgleichung.

II. Berechnen Sie die Zerfallsfunktion N(t) für das Element. Zum Zeitpunkt t=0 sei die Teilchenzahl $N=N_0$. Die Zerfallskonstante α habe den Wert α=0,000462.

III. Berechnen Sie die Halbwertszeit τ des Elements, also die Zeit nach der nur mehr die Hälfte des Anfangsbestands an Teilchen vorhanden ist.

10.2 Bruttosozialprodukt

Ein Prognoseinstitut behauptet, daß sich die Entwicklung des Bruttosozialprodukts Y eines Landes mit folgender Differentialgleichung beschreiben läßt:

$$Y'(t) - \frac{3}{2t} Y(t) = \frac{-10}{\sqrt{t}}$$

mit t :[Zeit in Jahren] und Y(t) : [Bruttosozialprodukt in Millionen $]

Ermitteln Sie die Funktion Y(t), also das Bruttosozialprodukt in Abhängigkeit von der Zeit unter der Bedingung, daß 1980 (t =1) das Bruttosozialprodukt 10 Millionen $ betrug.

a) Wie groß ist das prognostizierte Bruttosozialprodukt für das Jahr 1995 (t=16)?

Ein anderes Prognoseinstitut behauptet, daß das Bruttosozialprodukt sich nach folgender

Funktion entwickelt :

$$Y(t) = 8 + 2t$$

mit t: [Zeit in Jahren]; 1980 $\triangleq$ (t = 1)

b)Welche der beiden Prognosen ist langfristig optimistischer ?

Hinweis: Beantworten Sie die Frage, indem Sie die Wachstumsfunktionen, also die erste Ableitung der beiden Prognosemodelle vergleichen (kurze Begründung).

10.3 Angebotsfunktion und Elastizität

Zwei Wirtschaftswissenschaftler streiten sich. Der erste behauptet, daß die Angebotsfunktion x(p) für ein bestimmtes Gut durch die folgende Elastizitätsfunktion beschrieben werden kann:

$$\frac{dx}{dp}\frac{p}{x} = 2 + 3p$$

a) Bestimmen Sie aus dieser Differentialgleichung die gesuchte (allgemeine) Angebotsfunktion.

Der zweite Wissenschaftler behauptet, die Angebotsfunktion ließe sich nur aus der folgenden inhomogenen Differentialgleichung ermitteln:

$$\frac{dx}{dp} - \frac{2+3p}{p} x = -3p^2$$

b) Zeigen Sie, daß die Lösung aus a) die homogene Lösung dieser Differential gleichung ist.

c) Berechnen Sie nun die gesamte Lösung dieser inhomogenen Differentialgleichung.

***Hinweise zur** Produktregel mit 3 Funktionen:*

$$[f(x) \cdot g(x) \cdot h(x)]' = f'(x) \cdot g(x) \cdot h(x) + f(x) \cdot g'(x) \cdot h(x) + f(x) \cdot g(x) \cdot h'(x)$$

10.4 Differentialgleichungen 1 (F)

a) Wie lautet die allgemeine Lösung der folgenden Differentialgleichung?

$$y'(x) = e^{x+\ln(x)} \cdot y(x) \qquad \text{mit } x \in R^+$$

Überprüfe die Lösung durch Einsetzen in die Differentialgleichung.

b) Wie lautet die Lösung für diese Differentialgleichung mit dem folgenden Anfangswert?

$$y(1) = 2$$

10.5 Elastizität (F)

Für ein Produkt wurde die Angebotselastizität

$$\varepsilon_{x,p} = 2 + p$$

ermittelt. Berechnen Sie die Angebotsfunktion unter der Bedingung, daß bei einem Preis von 3,10 Geldeinheiten gerade 426 Stück angeboten werden. Überprüfen Sie Ihr Ergebnis mit einer Probe.

Hinweis: $\varepsilon_{x,p} = x'(p) \cdot \frac{p}{x(p)}$

10.6 Differentialgleichung 2 (F)

Klassifizieren und lösen Sie folgende Differentialgleichung. Berechnen Sie die Lösung für $y(1) = 2$:

$$y' - x \cdot e^x y = 0$$

10.7 Differentialgleichung 3 (F)

Lösen Sie die Differentialgleichungen mit folgendem Anfangswertproblem:

$$y' + \frac{y}{x^2} = \cos x \qquad y(0) = 10$$

10.8 Differentialgleichung 4 (F)

Gegeben ist die Differentialgleichung

$$y'(t) + 2y(t) = 10$$

a) Klassifizieren Sie die Differentialgleichung.
b) Bestimmen Sie die allgemeine Lösung $y = y(t)$.
c) Wie lautet die partikuläre (spezielle) Lösung für den Anfangswert $y(0) = 5$?

Arbeitshinweise:

[1] **Kallischnigg, G.; Kockelkorn, U,:** S. 165-174.
[2] **Schwarze, J.:** Band II, S. 135-150.

11 Aufgaben zu Vektoren und Matrizen

11.1 Basis (F)

a) Bildet $B = \left(\begin{pmatrix} 1 \\ 0 \\ 2 \end{pmatrix}, \begin{pmatrix} 0 \\ -1 \\ 3 \end{pmatrix}, \begin{pmatrix} -1 \\ 1 \\ 1 \end{pmatrix} \right)$ eine Basis des R^3 ?

b) Stelle $\vec{x} = \begin{pmatrix} 2 \\ 6 \\ -2 \end{pmatrix}$ als Linearkombination der Vektoren $\begin{pmatrix} 1 \\ 0 \\ 2 \end{pmatrix}, \begin{pmatrix} 0 \\ -1 \\ 3 \end{pmatrix}, \begin{pmatrix} -1 \\ 1 \\ 1 \end{pmatrix}$ dar.

11.2 Inverse und Determinante (F)

Berechnen Sie die Inverse Matrix $\bar{A}^{-1}$ und die Determinante von

$$\bar{A} = \begin{pmatrix} 1 & 0 & 0 & 0 & 0 \\ 1 & 1 & 0 & 0 & 0 \\ -1 & 0 & 1 & 0 & 0 \\ 0 & 0 & 0 & -2 & 0 \\ 0 & 3 & 0 & 0 & 1 \end{pmatrix}$$

Welchen Rang hat $\bar{A}$?

11.3 Elemente einer Matrix (F)

Gegeben seien die folgenden Matrizen, die invers zueinander sind.

$$\bar{A} = \begin{pmatrix} a & b & c \\ 1 & -e & a \\ d & 1 & 1 \end{pmatrix} \qquad \bar{A}^{-1} = \begin{pmatrix} 0 & c & a \\ -1 & -3 & f \\ a & 5 & 2g \end{pmatrix}$$

Berechnen Sie die Werte für a, b, c, d, e, f und g.

11.4 Code (F)

Einen Tag vor Ihrer Klausur bekommen Sie von Ihrem Freund eine verschlüsselte Nachricht

in Form einer Matrix $\bar{B} = \begin{pmatrix} 15 & 146 & 117 \\ 34 & 142 & 144 \\ 83 & 162 & 279 \end{pmatrix}$

Außerdem erhalten Sie von ihm die Verschlüsselungsmatrix $\bar{V} = \begin{pmatrix} 3 & 2 & 9 \\ 1 & 4 & 3 \\ 0 & 8 & 6 \end{pmatrix}$.

Er teilt Ihnen mit, daß Sie seine Nachricht entschlüsseln können, indem Sie folgende Rechenoperation ausführen: $\bar{B} \cdot \bar{V}^{-1} = \bar{A}$. Die in $\bar{A}$ enthaltenen Zahlen sollen Sie dann noch wie folgt decodieren: Lesen Sie die Zahlen zeilenweise von links nach rechts und setzen Sie für

1	2	3	4	5	6	7	8	9	10	11	12	13	14	15	16	17	18	19	20	21	22	23	24	25	26
A	B	C	D	E	F	G	H	I	J	K	L	M	N	O	P	Q	R	S	T	U	V	W	X	Y	Z

Was will Ihnen Ihr Freund einen Tag vor der Klausur mit seiner Nachricht sagen ?

11.5 Inverse (F)

Gegeben sei die Matrix:

$$\overline{A} = \begin{pmatrix} 1 & 2 & 3 \\ 1 & 3 & 3 \\ 1 & 2 & 4 \end{pmatrix}$$

a) Berechnen Sie die Inverse $\overline{A}^{-1}$.
b) Berechnen Sie $\overline{A}^{-1} \cdot \overline{A}'$ und $\overline{A}^{-1} \cdot \overline{A}$.

11.6 Inverse und Elemente einer Matrix (F)

Gegeben ist die Matrix $\overline{A}$

$$\overline{A} = \begin{pmatrix} 1 & -a & 0 \\ -a & 1 & -a \\ 0 & -a & 1 \end{pmatrix}$$

a) Für welche $a \in R$ existiert die Inverse $\overline{A}^{-1}$?
b) Für welche $a \in R$ ist $r(\overline{A}) < 3$?
c) Für welche $a \in R$ sind die drei Spaltenvektoren der Matrix $\overline{A}$ linear abhängig?
d) Für welche $a \in R$ bilden die drei Spaltenvektoren der Matrix $\overline{A}$ eine Basis in R^3 ?
e) Bestimmen Sie die Inverse $\overline{A}^{-1}$ für $a = 0$.
***Hinweis:** Die Verwendung von Determinanten ist hilfreich!*

11.7 Orthogonalität (F)

Für welche a, b, c sind drei Vektoren

$$\vec{u} = \begin{pmatrix} 2 \\ 2 \\ b \end{pmatrix} ; \vec{v} = \begin{pmatrix} c \\ a-3 \\ 1 \end{pmatrix} ; \text{ und } \vec{w} = \begin{pmatrix} 5 \\ -3 \\ -b \end{pmatrix}$$

paarweise senkrecht?

Arbeitshinweise:

[1] **Kallischnigg, G.; Kockelkorn, U.:** S. 175-199.
[2] **Schwarze, J.:** Band III, S. 9-36.
[3] **Ohse, D.:** Band II, S. 1-79.

12 Aufgaben zu den linearen Gleichungssystemen

12.1 Lösbarkeit

Gegeben sei folgendes Gleichungssystem:

$$\begin{pmatrix} 1 & 2 & 1 \\ 3 & 9 & 6 \\ 2 & 8 & (2k+6) \end{pmatrix} \cdot \vec{x} = \begin{pmatrix} b \\ 9b \\ 2b^2 + 12b - 4 \end{pmatrix}$$

a) Für welche Werte von k und b ist das Gleichungssystem
   I. unlösbar
   II. eindeutig lösbar
   III. mehrdeutig lösbar ?

b) Bestimmen Sie für entsprechende Werte von k und b eine mehrdeutige Lösung des Gleichungssystems (Lösungsmenge).

c) Bestimmen Sie für k = 1 die Inverse Matrix der Koeffizientenmatrix.

12.2 Basistausch (F)

Das Endtableau des Gauß´schen Algorithmus ist gegeben durch :

x_1	x_2	x_3	x_4	b
1	0	2	4	1
0	1	3	2	0

Geben Sie die Lösungsmenge des zugehörigen Gleichungssystems an, indem Sie
a) x_1, x_2 als Basisvariable wählen,
b) x_1, x_3 als Basisvariable wählen.

12.3 Lösbarkeit (F)

Für welche $\alpha \in R$ ist folgendes lineares Gleichungssystem:

$$\begin{aligned} x \quad\quad &+ \quad z = 3 \\ 2\alpha y &+ 2\alpha z = 2\alpha \\ -1x \quad\quad &+ \quad \alpha z = -1 \end{aligned}$$

a) unlösbar
b) mehrdeutig lösbar
c) eindeutig lösbar

Geben Sie für Fall b) die Lösungsmenge an.

12.4 Determinante und Lösbarkeit (F)

Gegeben sei folgendes lineare Gleichungssystem:

$$\begin{aligned} mx - 2y - 2z &= 2 \\ 2x - 3y + z &= -1 \\ x - 2y + mz &= m \end{aligned}$$

a) Bilden Sie die Determinante der Koeffizientenmatrix und geben Sie die Werte von m an, für die das Gleichungssystem nicht eindeutig lösbar ist.

b) Setzen Sie nun diese Werte für m ein und bestimmen Sie mit Hilfe des Gaußverfahrens, ob diese Gleichungssysteme mehrdeutig lösbar oder unlösbar sind. Geben Sie im Falle einer mehrdeutigen Lösung die Lösungsmenge an.

12.5 Rangbetrachtung (F)

Gegeben sei folgendes lineare Gleichungssystem:

$$\begin{aligned} 2x_1 + 1x_2 + 1x_3 &= 4 \\ 0x_1 + 1x_2 + 2x_3 &= 2 \\ 1x_1 + 2x_2 + 0x_3 &= a \\ 2x_1 + 0x_2 + 1x_3 &= 0 \end{aligned}$$

Führen Sie eine Rangbetrachtung durch! Für welches a ist dieses lineare Gleichungssystem eindeutig lösbar?

Arbeitshinweise:

[1] **Kallischnigg, G.; Kockelkorn, U.:** S. 200-227.
[2] **Schwarze, J.:** Band III, S. 37-92.
[3] **Ohse, D.:** Band II, S. 80-228.

13 AUFGABEN ZU DEN DETERMINANTEN

13.1 Matrix und Integral (F)

a) Wie muß a gewählt werden, damit für die Matrix $\overline{A} = \begin{pmatrix} -41 & 6 & -2 & 0 \\ 0 & 8 & 12 & 712 \\ 0 & 0 & 0 & 10 \\ 0 & 0 & a & 20 \end{pmatrix}$

det $(\overline{A}) = 0$ gilt?

b) Lösen Sie das folgende Integral: $\int_0^4 \sqrt{4 + 3x}\, dx$

13.2 Determinante und Element einer Matrix (F)

a) Für welche x ε R ist die Determinante der Matrix $\overline{A} = 0$? (det $(\overline{A}) = 0$)

$$\overline{A} = \begin{pmatrix} e^{-x} & 3e^{x} & e^{x} \\ e^{x} & 4 & 2 \\ 0 & 3 & 2 \end{pmatrix}$$

b) Was bedeutet dies (,wenn det $(\overline{A}) = 0$ ist) ?

13.3 Fragen zu Determinanten (F)

a) Ermitteln Sie det $(\overline{A})$!

$$\det(\overline{A}) = \begin{vmatrix} 0 & 0 & 0 & 0 & 0 & 0 & K \\ 0 & 0 & L & 0 & 0 & 0 & \ln e \\ 0 & A & 1 & 0 & 0 & 0 & G \\ 0 & \tau & \varphi & U & 0 & 0 & 8 \\ 0 & \pi & E & \lambda & S & 0 & 3 \\ 0 & 4 & 2 & \Omega & \cos\beta & U & 1 \\ R & 1 & 9 & m & 6 & \varepsilon & \sin\pi \end{vmatrix}.$$

b) Geben Sie an, ob die folgenden Aussagen wahr oder falsch sind !

I. Eine Determinante ändert ihren Wert um das c-fache, wenn man ein Element der Matrix mit dem Faktor c multipliziert.
II. Eine Determinante ändert ihr Vorzeichen, wenn man sie an der Hauptdiagonalen spiegelt.
III. Eine Determinante ändert ihr Vorzeichen nicht, wenn man zwei Zeilen vertauscht.
IV. Der Produktsatz für Determinanten besagt: $\det(\overline{A} \cdot \overline{B}) = \det\overline{B} \cdot \det\overline{A}$, für $\overline{A}, \overline{B} \in R^{n \times n}$.

Arbeitshinweise:

[1] **Kallischnigg, G.; Kockelkorn, U.:** S. 220-227.
[2] **Schwarze, J.:** Band III, S. 76-92.
[3] **Ohse, D.:** Band II, S. 169-228.

14 Aufgaben zur Input-Output-Analyse

14.1 Input-Output-Tableau 1

Folgendes Input - Output - Tableau ist gegeben:

	S1	S2	S3	Exporte	BPWs
S1		20			400
S2	100			60	
S3			200		800
PA	40	60	200		
Importe		160			
BPWs					

außerdem die Matrix der technischen Koeffizienten $\overline{A} = \begin{pmatrix} 0,1 & ? & 0,4 \\ ? & 0,4 & 0,1 \\ ? & 0 & ? \end{pmatrix}$

sowie der Exportkoeffizient $e_3 = 0,5$

a) Ergänzen Sie die fehlenden Werte der Tabelle, und geben Sie die vollständige Produktionskoeffizientenmatrix an!

b) Liegt ein Handelsbilanzdefizit- oder überschuß vor?

c) Angenommen, der BPW des ersten Sektors erhöht sich um 100 GE (Geldeinheiten), die Exporte des zweiten Sektors vermindern sich um 25 GE und der BPW des dritten Sektors bleibt gleich. Welche Größen ändern sich? Erstellen Sie eine neue Tabelle!

d) Angenommen, der BPW des dritten Sektors vermindert sich diesmal um 100 GE, während der Export des ersten Sektors sich um 10 GE erhöht. Werden die Werte der technischen Koeffizienten dadurch größer oder kleiner ?

14.2 Marsupilamien

Infolge eines Putsches in Marsupilamien wurde das In-Output-Tableau für das Jahr 1991 teilweise zerstört. Da das verlorengegangene Dokument jedoch für die Wirtschaftsplanung des neuen Regierungschefs von äußerster Wichtigkeit ist, werden Sie beauftragt, das Tableau zu rekonstruieren. Nach einer gründlichen Recherche des alten Datenmaterials, stehen Ihnen folgende Informationen zur Verfügung.

1. Die Matrix der technischen Koeffizienten: $\overline{A} = \begin{pmatrix} 0,1 & 0,25 & 0,3 \\ 0,2 & 0 & 0,4 \\ 0,5 & 0,1 & 0 \end{pmatrix}$

2. Die Überreste des In-Output-Tableaus von 1991:

VON \ NACH	S_1	S_2	S_3	N	BPW's
S_1					1500
S_2					800
S_3					1000
Einkommen (Y)		80			
Importe (M)	55		0		
Gewinn	200	200	250		
BPW's					

a) Vervollständigen Sie anhand der obigen Daten das In-Output-Tableau für 1991.

b) Untersuchen Sie, wie sich die BPW's verändern, wenn die Endnachfrage in allen Sektoren gleichmäßig um 20% sinkt.

c) Um wieviel Prozent sinkt das verfügbare Einkommen aus abhängiger Beschäftigung (Y), wenn von konstanten Einkommenskoeffizienten ausgegangen wird?

Durch die Reformpolitik des neuen Regimes stieg die Leistungsfähigkeit der Wirtschaft im Jahr 1992 beträchtlich an. So ermittelte das landeseigene Wirtschaftsinstitut für 1992 in den einzelnen Sektoren eine Verschiebung der Endnachfrage auf $N_1 = 1140$ und $N_2 = 320$. Der BPW im Sektor S_3 konnte von 1000 auf 1200 erhöht werden.

d) Ermitteln Sie die Nachfrage N_3 und die BPW's der Sektoren S_1 und S_2 für das Jahr 1992.

e) Wie groß ist der Gewinn des Sektors S_3 im Jahr 1992? (bei konstanten Einkommens- und Importkoeffizienten)

14.3 Input-Output-Tableau 2

Gegeben sei folgendes Input-Output-Tableau:

	Sektor 1	Sektor 2	Sektor 3	N_{Privat}	N_{Staat}	BPW's
Sektor 1		0	0		50	600
Sektor 2	120		100		7	500
Sektor 3	60	0			20	400
PA			120			*400*
Gewinn		100				
BPW's						

a) Die intrasektoralen Ströme machen genau die Hälfte der Gesamtproduktion des jeweiligen Sektors aus. Vervollständigen Sie das Tableau und berechnen Sie die Matrix der technischen Koeffizienten A.

b) Berechnen Sie die Leontief-Inverse $(\overline{E} - \overline{A})^{-1}$.

c) Konjunkturprognosen ergeben für die nächste Wirtschaftsperiode folgenden Nachfragerückgang: Nach Gütern aus Sektor 1 um 5%,
nach Gütern aus Sektor 2 um 10% und
nach Gütern aus Sektor 3 um 20%.

Wie lauten die neuen Bruttoproduktionswerte?

d) Welche der folgenden Antworten a) bis d) sind richtig?
Auf jede Frage gibt es jeweils nur eine richtige Anntwort.

I. Angenommen, die Endnachfrage nach Gütern aus allen drei Sektoren bliebe konstant. In welchem Fall würde sich der Bruttoproduktionswert von Sektor 2 trotzdem verändern:

a) wenn die Preise der Güter aus S 1 und S 3 steigen würden,
b) wenn in S 2 kostengünstiger produziert werden würde, ohne daß die Verkaufspreise sinken,
c) in beiden Fällen,
d) in keinem der beiden Fälle.

II. In der Input-Output-Analyse wird berücksichtigt:

a) daß eine Erhöhung der Staatsnachfrage über den Multiplikatoreffekt auch eine Erhöhung der privaten Nachfrage bewirken kann,
b) daß eine Nachfrageveränderung in einem Sektor auch eine Nachfrageveränderung in anderen Sektoren bewirken kann,
c) beide Effekte,
d) keiner der beiden Effekte.

14.4 Tutor Alfred

Tutor Alfred wollte in seiner Gruppe eine Input-Output-Tabelle anzeichnen. Leider findet er in seinem Chaos zu Hause die endgültige Version nicht mehr, sondern nur noch das folgende Schema. Ihr sollt ihm nun helfen, die I-O-Tabelle zu vervollständigen.

von/nach	S1	S2	S3	S4	N	E	BPW
S1				300	300		1000
S2			50				2000
S3							1000
S4		100	100	120			
Importe			190				
sonstige PA			190				
Gewinn	170	250	200	700			
BPW							

Neben diesem Schema weiß er auch noch ein paar Eigenschaften der I-O-Analyse:
- Die Intrasektoralen Ströme entsprechen jeweils 120% des Exportwertes
- Die Exportkoeffizienten e_i sind alle 0,05
- Die Matrix der technischen Koeffizienten (Produktionskoeffizienten) ist symmetrisch bezüglich der Hauptdiagonalen.
- Importe und sonstige Primäraufwendungen stehen im Verhältnis 1:1.

a) Vervollständigen Sie die Input-Output-Tabelle.

b) Alfred ist sich nicht sicher, ob die Bruttoproduktionswerte stimmen. Wie sieht die Vorleistungsmatrix ($x_{i,j}$) aus, wenn $BPW_1 = 2000$, $BPW_2 = 1000$, $BPW_3 = 2000$ und $BPW_4 = 1000$ sind?
Hinweis: Es ist nur nach der neuen Vorleistungsmatrix gefragt, keine neue komplette Input-Output-Tabelle!

c) Welche Eigenschaft besitzen die technischen Koeffizienten?

d) Welcher Nachteil ergibt sich aus dieser Eigenschaft?

e) Warum steht der Gewinn im Bereich der Primäraufwendungen?

14.5 Input-Output-Tableau 3

Gegeben sei folgende Input-Output-Tabelle:

	S1	S2	S3	Nachfrage	BPW
S1		350			2000
S2	400		300		
S3				350	3000
PA	400				
BPW		3500			

Zusätzlich seien folgende technische Koeffizienten bekannt:
$a_{11} = a_{13} = 0{,}2 \quad a_{22} = 0{,}7 \quad a_{32} = 0{,}1$

a) Vervollständigen Sie die Input-Output-Tabelle und berechnen Sie die Matrix der technischen Koeffizienten.

b) Aufgrund der verbesserten wirtschaftlichen Lage steigt der Bruttoproduktionswert (BPW) des 1. Sektors um 400 Einheiten, der BPW des 2. Sektors um 700 Einheiten und der BPW des 3. Sektors um 600 Einheiten. Wie verändert sich unter diesen Voraussetzungen die Nachfrage in den einzelnen Sektoren?

c) Gehen Sie in einem zweiten Szenario davon aus, daß sich die Nachfrage in den Sektoren 1 und 3 um jeweils 100 Einheiten erhöht und der BPW des 2. Sektors um 20% steigt. Berechnen Sie die neue Nachfrage im 2. Sektor und die neuen Bruttoproduktionswerte der Sektoren 1 und 3.

d) Nennen Sie mindestens 2 Konsequenzen, die sich in der Praxis aus der Annahme der Konstanz der technischen Koeffizienten (= konstante Produktionsstruktur) ergeben.

14.6 Input-Output-Tableau 4

Gegeben ist folgendes Input-Output-Tableau:

nach von	S1	S2	S3	N	BPW
S 1	1000		800	2900	5000
S 2	750	450		1600	
S 3		750			
Y					
sonst. PA					
Gewinn	1000	900	200		
BPW	5000				ΣBPW = 10000

a) Vervollständigen Sie die Tabelle anhand folgender Angaben:
   -Die Spaltensumme der Matrix der technischen Koeffizienten ist immer 0,5.
   -Einkommen und sonstige Primäraufwendungen haben dieselbe Höhe.
   -Die Summe der BPW's ergibt 10000.

b) Wie ändert sich die Vorleistungsmatrix, wenn sich die Einkommen Y_1 um 150, Y_2 um 300 und Y_3 um 200 Einheiten erhöhen? *(Bitte nur die neue Vorleistungsmatrix (x_{ij}) angeben!)*

c) Was beschreiben die technischen Koeffizienten (Produktionskoeffizienten) inhaltlich? (Nicht nur die Formel angeben) Welcher Kritikpunkt wäre dazu angebracht?

d) Wie ändern sich die Bruttoproduktionswerte, wenn sich die Nachfrage N_1 um 145, N_2 um 80 und N_3 um 25 Einheiten erhöht?

Arbeitshinweise:

[1] **Kallischnigg, G.; Kockelkorn, U.:** S. 228-244.
[3] **Ohse, D.:** Band II, S. 122-124.

15 AUFGABEN ZUR INNERBETRIEBLICHEN LEISTUNGSVERRECHNUNG

15.1 Reparatur, Abwasser und Energie

Der innerbetriebliche Leistungsaustausch eines Industriebetriebs ist in folgender Tabelle dargestellt:

von / an	Reparatur	Abwasser	Energie	Σ der abgegebenen Leistungen
Reparatur	300 h	200 h	300 h	1.000 h
Abwasser	0	20.000 l	15.000 l	50.000 l
Energie	10.000 kWh	30.000 kWh	25.000 kWh	200.000 kWh

Die primären Gemeinkosten betragen:
Reparatur: 17.000 DM Abwasser: 42.000 DM Energie: 31.000 DM

a) Stellen Sie ein Gleichungssystem zur Bestimmung der Verrechnungspreise auf.

b) Errechnen Sie die Verrechnungspreise.

c) Berechnen Sie die Gesamtkosten jeder Vorkostenstelle.

d) Berechnen Sie den Wert der Leistungen, die jede Vorkostenstelle an Endkostenstellen abgibt.

15.2 Gas, Schlosserei und Strom

In einem kleinem Unternehmen gibt es drei Vorkostenstellen: Gasversorgung, Schlosserei und Stromversorgung. In der letzten Periode sind in den Kostenstellen folgende primäre Gemeinkosten angefallen: Gasversorgung 7000 DM, Schlosserei 17500 DM und Stromversorgung 6500 DM. Es sollen nun aber die gesamten Gemeinkosten in den Kostenstellen ermittelt werden.

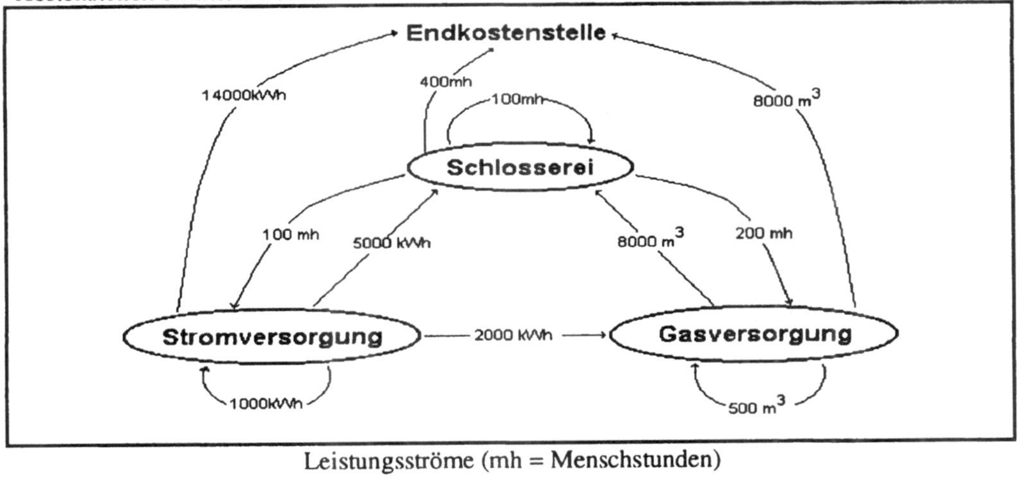

Leistungsströme (mh = Menschstunden)

a) Erstelle aus dem Schaubild eine tabellarische Übersicht über die Leistungsströme zwischen den Vorkostenstellen und ermittele die Gesamtleistungen der Vorkostenstellen!

b) Welche Verrechnungssätze q_1 (Gas) bis q_3 (Strom) ergeben sich aus der Anwendung des Gleichungsverfahrens?

c) Welche gesamten Gemeinkosten sind jeweils in den drei Kostenstellen angefallen?

d) Braucht man die Verrechnungssätze, um die Summe der Kosten für die Leistungen der Vorkostenstellen an die Endkostenstelle zu berechnen? (Kurze Begründung!)

e) Die Betriebsleitung hält es nicht für sehr sinnvoll weiterhin zwischen den beiden Energieversorgungsstellen zu unterscheiden. Wie groß also sind die Kosten für eine gemeinsame Kostenstelle Energie? Wie groß wären sie, wenn man alle drei Vorkostenstellen zu einer Kostenstelle zusammenfaßt?

15.3 Krankenhaus

In einem Krankenhaus tauschen 3 Vorkostenstellen (Energie, Sicherheit und Beratung) innerbetriebliche Leistungen aus:

Die Vorkostenstelle Energie verbraucht selbst 150000 kWh, gibt an Sicherheit 50000 kWh und an Beratung 100000 kWh ab. Die insgesamt abgegebene Energie beträgt 500000 kWh. Die Primärkosten betragen 175000 DM.

Die Vorkostenstelle Sicherheit verbraucht eigene Leistungen in Höhe von 1000 h, gibt 2000 h an Beratung ab und hat eine Gesamtleistung von 5000 h. Die Primärkosten betragen 30000 DM. Außerdem werden 1500 Beratungstermine der Vorkostenstelle Beratung wahrgenommen.

Die Vorkostenstelle Beratung nutzt selbst 500 ihrer Beratungstermine. Insgesamt werden 4000 Termine zur Verfügung gestellt. Sie hat 5000 DM Primärkosten.

a) Stellen Sie diese Informationen in einer übersichtlichen Tabelle zusammen.

b) Stellen Sie das Gleichungssystem zur Bestimmung der Verrechnungspreise auf und lösen Sie es.

c) Berechnen Sie die Gesamtkosten jeder Vorkostenstelle.

d) Zur Vereinfachung werden die Vorkostenstellen Sicherheit und Beratung zu einer einzigen Vorkostenstelle zusammengefaßt. Wie hoch sind deren Gesamtkosten?

e) Berechnen Sie den DM-Wert der Leistungen, die jede Vorkostenstelle an Endkostenstellen abgibt.

15.4 Industriebetrieb

Ein Industriebetrieb besitzt drei Vorkostenstellen H1, H2 und H3. Pro Tag ergibt sich folgende Tabelle:

von / nach	H1	H2	H3	Primärkosten [DM]	Summe der abgegebenen Leistungen
H1	2	3	1	2	6
H2	1	5	1	4,5	10
H3	2	1	4	2,5	10

a) Berechnen Sie die internen Verrechnungspreise pro Tag.

b) Wie hoch sind die Gesamtkosten der einzelnen Vorkostenstellen pro Tag?

c) Welchen Wert haben die direkt an die Produktion abgegebenen Leistungen pro Tag?

d) Die Vorkostenstellen H1 und H2 sollen unter der Kostenstelle S zusammengefaßt werden. Wie hoch sind die Gesamtkosten der neuen Vorkostenstelle?

Arbeitshinweise:

[1] **Kallischnigg. G.; Kockelkorn, U.:** S. 245-262.
[3] **Ohse, D.:** Band II, S. 133-136.

16 Aufgaben zu den Markovketten

16.1 Katzenstreu

Bei der Betrachtung des Marktes für Katzenstreu konnten drei Anbieter festgestellt werden: Klosan, Urinosan und Güllosan. Während sich 70 % der Klosankäufer markentreu verhalten, wandern die restlichen Klosankäufer eines Jahres im nächsten Jahr zu gleichen Teilen zu den Marken Urinosan und Güllosan ab. Jeweils 20 % der Käufer von Urinosan und Güllosan kaufen im nächsten Jahr Klosan. Bei Urinosan ist der Anteil der Markentreuen genauso groß wie die Anteile der Abwanderer von Urinosan zu Klosan und zu Güllosan zusammen. Der Anteil der Markentreuen bei Güllosan wiederum ist genauso groß wie der Anteil der Markentreuen bei Urinosan.

a) Erstellen Sie die Übergangsmatrix!

b) 1992 hatten alle drei Marken einen gleich großen Marktanteil. Wie groß waren ihre Marktanteile 1991?

c) Ermitteln Sie den stationären Zustand!

d) Nennen Sie drei Annahmen des Modells!

16.2 Uni, Strand und Biergarten

An einer Universität wurde untersucht, wo sich die Studenten an den Montagen des Sommersemesters um 16:00 Uhr befinden. Dazu befragte man wöchentlich dieselbe Gruppe von Studenten. Dabei wurde festgestellt, daß es genau drei Aufenthaltsorte gibt: Uni (U), Strand (S) und Biergarten (B). Am zweiten Montag des Semesters waren 30% dieser Studentengruppe an der Uni, 50% am Strand und 10 Studenten waren in einem Biergarten.

a) Aus wieviel Studenten besteht die untersuchte Gruppe?

Außerdem wurde herausgefunden, daß 70% der Studenten, die an einem beliebigen Montag an der Uni waren, auch am folgenden Montag wieder zur Uni gehen. 50% der Studenten, die am Strand waren gingen auch am dritten Montag an den Strand und 80% der B-Besucher gingen in der folgenden Woche wieder in einen Biergarten. Wer einmal an der Uni war, ging in der folgenden Woche nicht in einen Biergarten. Von den Studenten, die am zweiten Montag am Strand waren, wechselten 5 am nächsten Montag in den Biergarten. Von B nach U wechselten genausoviel, wie von B nach S.

b) Wie groß sind die Anteile der Studenten, die in der dritten Woche des Semesters an den Orten U, S und B waren?

Weiterhin stellte man fest, daß die Übergangsmatrix während des gesamten Semesters konstant blieb.
c) Wie viele Studenten waren am ersten Montag des Semesters an welchen Orten?

Der Leiter des Untersuchungsausschusses behauptet, daß folgende Verteilung der Studenten stationär sei: U:40% ; S:30% ; B:30%.
d) Beweisen bzw. widerlegen Sie diese Behauptung!

16.3 Fernsehsender und Einschaltquoten

Die Analyse der Einschaltquoten für den Samstag-Abend-Thriller dreier bekannter Fernsehsender ergab folgende Tabelle der Übergangswahrscheinlichkeiten:

nach t+1 von t	SUM +	Hungrig 1	Contra 7
SUM +	0,5	0,3	0,2
Hungrig 1	0,2	0,7	0,1
Contra 7	0,1	0,3	0,6

a) Am 1. Samstag des Jahres 1994 entschieden sich 60 % der Zuschauer für den Sender SUM + und 30 % für Hungrig 1. Welche Einschaltquoten ergeben sich am 2. Samstag des Jahres 1994 ?

b) Berechnen Sie den stationären Zustand der Einschaltquoten.

c) Als erster Sender führte SUM + den Samstag-Abend-Thriller ein. Damals ergab sich folgender Zustandsvektor: $\vec{p}^{(0)'} = (1 \;\; 0 \;\; 0)$. Geben Sie wiederum die Einschaltquoten für den darauffolgenden Samstag und den stationären Zustand an. Was fällt Ihnen auf ?

Der Intendant des Senders SUM + ist davon überzeugt, daß die gegebene Übergangsmatrix in dieser Form nicht zutrifft. Seiner Meinung nach sei es doch eher so, daß derjenige, der sich einmal für SUM + entschieden habe, niemals mehr zu einem anderen Sender wechseln werde. Die restlichen Zeilen der Übergangsmatrix finden aber seine Zustimmung.

d) Berechnen Sie nun die Einschaltquoten für den 2. Samstag des Jahres 1994. Verwenden Sie dazu den Zustandsvektor der Teilaufgabe a).

e) Welcher Sender wird unter diesen Voraussetzungen langfristig die meisten Zuschauer begeistern können?
Hinweis: Die Antwort kann ohne Rechnung gegeben werden!

16.4 Karl Lischnig

Wir befinden uns im Zeitpunkt '1' einer großangelegten Marktforschungsstudie. Die achtköpfige Forschergruppe um den Oberforscher Karl Lischnig hat herausgefunden, daß die Übergangsmatrix für drei vergleichbare Markenprodukte der Firmen A , B und C folgendes Aussehen hat:

von\nach	A	B	C
A	0,7	0,2	0,1
B	0,3	0,3	0,4
C	0,2	0,2	0,6

Gerade kommt das neue Ergebnis der Marktanteile aus dem Computer:

$$p^{(1)'} = (0{,}5 \;\; 0{,}2 \;\; 0{,}3)$$

a) Wie lautete die Verteilung der Marktanteile zum Zeitpunkt '0' und wie wird sie zum Zeitpunkt '2' sein, vorrausgesetzt die Markovkette ist homogen?

b) Wie lautet der stationäre Zustand?

c) Wieso ist die Zeilensumme gleich '1'?

d) Es ist folgende Übergangsmatrix gegeben:

von\nach	D	E	F
D	0,4	0,3	0,3
E	0,5	0,1	0,4
F	0,1	0,6	0,3

Welcher stationäre Zustand läßt sich erschließen?

16.5 Vogelfutter

Drei Anbieter teilen sich den Markt für Vogelfutter. 1994 hatte A einen Marktanteil von 35%, B einen Anteil von 31% und C einen Anteil von 34%.
Folgende Matrix der Übergangswahrscheinlichkeiten wurde ermittelt:

$$\overline{T} = \begin{pmatrix} 0{,}7 & 0{,}1 & 0{,}2 \\ 0{,}2 & 0{,}5 & 0{,}3 \\ 0{,}2 & 0{,}3 & 0{,}5 \end{pmatrix}$$

a) Welche Verteilung herrschte 1993 auf dem Markt (auf zwei Stellen nach dem Komma gerundet)? *Hinweis: Berechnen Sie die Inverse mit Hilfe von Determinanten.*

b) Errechnen Sie die stationäre Verteilung.

c) Bei Markteintritt 1992 wurde von einem sehr zweifelhaften Institut die Anfangsverteilung ($\vec{p}^{(0)}$) folgendermaßen ermittelt:
A : 40% B : 27,5% C : 32,5%

Überprüfen Sie die Richtigkeit dieser Angaben.

16.6 Kurort Schönwetter

In dem kleinen gemütlichen Kur- und Badeort Schönwetter konkurrieren drei Heilwasser um die Trinkgunst der Kurgäste. In der 2. Woche der Kursaison hat die Marke "Immerfrisch" einen Marktanteil von 50%, die Marke "Fit& Aktiv" einen Anteil von 20% und die Marke "Voll Cool" einen Anteil von 30%.
In jeder Saisonwoche bleiben 70% der "Immerfrisch"-Trinker ihrer Marke treu. Die übrigen 30% wechseln zu zwei Drittel zu "Fit& Aktiv" und zu einem Drittel zu "Voll Cool". 20% der "Fit& Aktiv"-Trinker wechseln zu "Immerfrisch", 50% zu "Voll Cool", der Rest bleibt der Marke treu. 50% der "Voll Cool"-Trinker bevorzugen auch in der nachfolgenden Woche

diese Marke. Der Anteil der Wechsler zu "Fit& Aktiv" ist genausogroß wie der Anteil der Wechsler von "Immerfrisch" zu "Fit& Aktiv". Die übrigen wechseln zu "Immerfrisch".

1) Stellen Sie die Übergangsmatrix auf!

2) Wie lautet der stationäre Zustand?

3) Noch während der Saison tritt ein weiterer Heilwasseranbieter (Marke "Wässerchen") auf den Markt. Stellen Sie eine beliebige Übergangsmatrix (4x4) auf, deren Werte in der Hauptdiagonalen 0,7; 0,3; 0,5 und 0,3 betragen soll und die einen gleichverteilten stationären Zustand (P_i=0,25) hat.

4) Nennen Sie drei Annahmen des Markov-Modells.

<u>Arbeitshinweise:</u>

[1] **Kallischnigg, G.; Kockelkorn, U.:** S. 263-274.
[3] **Ohse, D.:** Band II, S. 125-128.

17 Aufgaben zur Teilebedarfsrechnung

17.1 Legosteine

Ein Kind wünscht sich von seiner Mutter Legosteine, aus denen es entweder eine Garage oder ein Haus bauen kann. Die dazu benötigten Steine sind jedoch nicht einzeln zu kaufen, sondern nur als sogenannte Grundbaukästen verpackt.
Es gibt vier verschiedene Grundbaukästen, die jeweils vier Arten von Bausteinen in unterschiedlicher Zusammensetzung enthalten.

In Tabelle 1 sind die Bestandteile der 4 Grundbaukästen (= GBK) - Mauerteile, Dachteile, Fenster und Türen - sowie deren Preise in DM dargestellt. Tabelle 2 gibt den Bedarf an GBK je Gebäude an.

Tabelle 1	GBK1	GBK2	GBK3	GBK4
Mauerteile	16	22	0	10
Dachteile	8	11	20	0
Fenster	2	3	0	0
Türen	1	1	0	0
Preis	6,15	8,40	5,--	2,--

Tabelle 2	GBK1	GBK2	GBK3	GBK4
Haus	1	3	0	4
Garage	0	2	1	3

a) Stellen Sie eine Tabelle auf, die die Menge der benötigten Bausteine (Mauerteile, Dachteile, Fenster und Türen) der beiden Gebäude wiedergibt. Berechnen Sie die Kosten der beiden Gebäude, die aufgrund der Preise für die GBKs entstehen.

b) 16 weitere Nichten und Neffen wünschen sich ebenfalls Lego. Welche Mengen von GBK1, GBK2, GBK3 bzw. GBK4 muß die Mutter kaufen, wenn sie insgesamt 5 Häuser und 11 Garagen verschenken möchte? Wieviele Mauerteile und Türen erhält sie dabei?

c) Die Mutter hat bereits 23 GBK 2 und 32 GBK 4 im Sonderangebot gekauft. Wie viele Häuser und Garagen lassen sich daraus herstellen, und wie viele GBK 1 und GBK 3 muß sie hinzukaufen, damit die Kinder vollständige Gebäude bauen können?

17.2 Spargelanbau

Bauer Thomas möchte seinen Spargelanbau für das nächste Jahr planen. Er baut vier verschiedene Sorten Spargel an, die einen unterschiedlichen Bedarf (in kg/kg) an Natrium und Kalium haben:

Dünger\Sorte	I	II	III	IV
Natrium	1	0	2	2
Kalium	0	1	1	4

Seine Vorräte betragen für Natrium 150 kg und für Kalium 60 kg und sollen vollständig verbraucht werden.Seine Nutzfläche beträgt 330 m^2 und soll vollständig ausgenutzt werden.
Der Flächenbedarf der Sorten ist unterschiedlich:

	I	II	III	IV
Flächenbedarf [m^2/kg]	1	2	6	4

Um Schädlinge zu bekämpfen sollen 270 Liter "Madenex" verbraucht werden. Der Bedarf der Spargelsorten an "Madenex" ist folgender :

	I	II	III	IV
Madenex [l/kg]	1	2	4	10

a) Welche Mengen (X_I ,X_{II} ,X_{III}, X_{IV}) Spargel soll Bauer Thomas im nächsten Jahr anbauen? Stellen Sie dazu ein lineares Gleichungssystem auf. Führen Sie an dem Gleichungssystem eine Rangbetrachtung durch. Achten Sie darauf, daß keine negativen Mengen Spargel angebaut werden können.

b) Aufgrund von gesetzlichen Bestimmungen darf Thomas "Madenex" nicht verwenden. Wie ändert sich dadurch das Anbauprogramm?

17.3 Beton

Ein Betonwerk stellt drei Arten von Beton her. Folgende Auftragszahlen liegen für einen Tag vor:

(Einheit: t)	Vormittagsschicht	Nachmittagsschicht
Typ A	3	1
Typ B	1	2
Typ C	2	2

Die folgende Tabelle gibt an, wie viele Mengeneinheiten [ME] Wasser, Zuschlag und Zement pro Tonne Beton benötigt werden:

(Einheit: ME/t)	Wasser	Zuschlag	Zement
Typ A	2	10	4
Typ B	2	12	2
Typ C	1	13	2

a) Geben Sie in einer Bereitstellungsmatrix B an, wieviele ME Wasser, Zuschlag und Zement pro Schicht bereitgehalten werden müssen, um die Aufträge voll zu erfüllen.

Das Betonwerk will exakt 164 GE für die Vormittagsschicht und 140 GE für die Nachmittagsschicht aufbringen.

b) Wie viele GE dürfen für Wasser, Zement und Zuschlag maximal ausgegeben werden, damit das Werk innerhalb der geplanten Kosten bleibt? Führen Sie eine Rangbetrachtung durch und geben Sie ggf. die Lösungsmenge an.

Sie erfahren, daß die Kosten für einen Erweiterungsbau auf dem Gelände 22 GE betragen und daß für diesen zusätzlich 2 ME Wasser, 8 ME Zuschlag und 4 ME Zement benötigt werden.

c) Wie viele GE dürfen nun Wasser, Zuschlag und Zement maximal kosten, wenn der Verbrauch für den Erweiterungsbau berücksichtigt wird?

Hinweis: Erweitern Sie das unter b) erhaltene letzte Gauß-Tableau um die Zusatzbedingung!

17.4 Raviolo Mafiosi

Raviolo Mafiosi hat es satt, ehrlich sein Geld zu verdienen. Aus diesem Grund hat er sich zum Bau einer vollautomatischen Gelddruckanlage entschlossen. Die von ihm entworfene Maschine enthält folgende Produktionsstufen:

P_1: Vorbehandeln

P_2: Kleben

P_3: Farbe mischen

P_4: Drucken

P_5: Schneiden und Trocknen

In der Vorbehandlung wird 1 qm Papier mit 120 ml Chemikalie bei einem Stromverbrauch von 0,5 kWh zu 1 qm vorbehandeltem Papier verarbeitet. In der Produktionsstätte "Kleben" werden 2 qm vorbehandeltes Papier und 10 m Draht zu einem qm Geldpapier verarbeitet. Die Farbe wird in der Produktionsstätte "Farbe mischen" aus roter, grüner und blauer Farbe im Verhältnis 3:3:4 gemischt. Beim "Drucken" wird 1 qm Geldpapier mit 0,2 l gemischter Farbe bedruckt. Aus 1 qm bedrucktem Papier werden in "Schneiden/Trocknen" 50 fertige Geldscheine hergestellt. Der Stromverbrauch je produzierte Einheit der Zwischenprodukte für die einzelnen Produktionsstätten beträgt bei "Farbe mischen" 0,1 kWh, "Drucken" 0,2 kWh und "Schneiden/Trocknen" 0,9 kWh. Beim "Kleben" werden 0,05 kWh verbraucht. Jedes Zwischenprodukt wird zwischengelagert. Folgende Tageskapazitäten können erreicht werden:

Vorbehandlung:	170 qm
Kleben:	110 qm
Farbe mischen:	30 l
Drucken:	80 qm
Schneiden/Trocknen:	2000 Scheine

a) Zeichnen Sie den vollständigen Gozintographen.

b) Wie verändern sich die Zwischenlagermengen bei maximaler Ausnutzung der Kapazitäten?

c) Wie groß sind die Durchsätze wenn die Zwischenlagermengen unverändert bleiben und 1250 Geldscheine gedruckt werden? Wie hoch ist in diesem Fall der Stromverbrauch?

17.5 Chefkoch Gerd

Paul Beaucuse, der bekannte Starkoch, fordert die Mensa der TU-Berlin auf, die Rezepturen für die äußerst delikaten Saucen offenzulegen. Chefkoch Gerd macht sich sofort mit seinen sechs Assistenten an die Arbeit und schreibt alles auf:
Man benötigt 3 kg Knochen (Kno) und 4 kg Speckschwarten (Schw), um 5 kg Gelee (Ge) zu kochen. Zu 1 kg Gemüsemasse (Gm) muß noch 1 kg Salz (Sa) gegeben werden, damit ist die Grundsubstanz (Gs) angesetzt. Für die Gemüsemasse werden zu gleichen Teilen Tomaten (To), Möhren (Mö), Sellerie (Se) und Knoblauch (Knl) ca. 1 Stunde lang gedünstet, ohne daß es zu Gewichtsverlusten kommt. Zu 1 kg Gelee und 1 kg Grundsubstanz kommen noch 2 l (=2 kg) Wasser (Wa), um die Standardsauce (Sta) zu erhalten. Weil das ganze noch nicht so richtig schmeckt, kommen noch 0,05 kg Geschmacksverstärker (Ges), 0,05 kg Gewürze nach Wahl (Gew) und 0,2 kg chemische Zusatzstoffe (Zu) dazu, um 1 kg servierfertige Sauce zu erhalten. Viel Spaß beim Kochen und guten Appetit.

a) Zeichnen Sie den dazugehörigen vollständigen Teilebedarfsbaum. Zur Vereinfachung können die in den Klammern angegebenen Abkürzungen benutzt werden.

b) Für die Berechnungen sind alle benutzten Gleichungen anzugeben!

I. Ist es sinnvoll, jeden Tag 30 kg Tomaten zu verarbeiten, wenn jeden Tag 500 kg Sauce benötigt werden und in allen anderen Bereichen nur soviel produziert wie benötigt wird? (Betrachten Sie dazu die Zwischenlagerhaltung für die Gemüsemasse.)
II. Wieviel Gelee müßte gekocht werden, damit alle 30 kg Tomaten zu Standardsauce verarbeitet werden können?
III. Wieviel Wasser wird jeden Tag für 400 kg Sauce benötigt?

Arbeitshinweise:

[1] **Kallischnigg, G.; Kockelkorn, U.:** S. 275-286.
[3] **Ohse, D.:** Band II, S. 129-132.

18 Aufgaben zur Linearen Programmierung

18.1 50 Morgen Land

Ein Bauer hat 50 Morgen Land für den Anbau von Gerste und Rüben zur Verfügung. Die Fläche soll so genutzt werden, daß der Gesamtgewinn möglichst groß ist. Der Gewinn bei einem Morgen Gerste beträgt 200 DM, bei einem Morgen Rüben 600 DM. Für die Frühjahrsarbeit sind bei Gerste 10 Stunden, bei Rüben 40 Stunden je Morgen erforderlich. Während dieser Zeit stehen insgesamt 800 Arbeitsstunden zur Verfügung. Für die Erntearbeit sind bei Gerste 8 Stunden, bei Rüben 20 Stunden je Morgen notwendig. Während dieser Zeit stehen insgesamt 460 Stunden zur Verfügung. Wegen des Fruchtwechsels dürfen nicht mehr als 15 Morgen Rüben angebaut werden.

a) Stellen Sie das LP-Problem in der Standardform dar.

b) Lösen Sie das angegebene LP-Problem
   I. graphisch
   II. mit Hilfe der Simplex - Methode

c) Falls ein Sonderfall vorliegt, benennen Sie diesen, erläutern Sie woran er erkennbar ist und welche Konsequenzen er hat.

18.2 Laiteria KG

Die Laiteria KG ist ein mittelständisches Unternehmen der milchverarbeitenden Industrie.Als Abteilungsleiter der Abteilung "Schmierstoffe", in der Butter (B) und Margarine (M) in Paketen zu 100 kg hergestellt werden, können Sie folgende technischen Ressourcen in Ihrer täglichen Fertigungsplanung berücksichtigen:

-Maximal 7 Arbeitnehmer, die aus anderen Abteilungen zur Verfügung gestellt werden können.
-Die Tageskapazität der Rührmaschine beträgt 27 Zeiteinheiten (ZE).
-Die Tageskapazität der Spezialkühlbox beträgt 10 ZE.

Außerdem stehen Ihnen die Fertigungsablaufpläne der beiden Produkte Verfügung:

Produkt M: Die aus der Vorfertigung erhaltene Rohmasse muß als erstes in Stücke zu 100 Kg zerlegt werden. Jedes dieser Stücke beansprucht dann 5 ZE in der Rührmaschine und anschließend 2 ZE in der Kühlbox. Am Ende wird jede Produktionseinheit in gelbe Kartons verpackt.

Produkt B: Die von Tanklastzügen angelieferte Milch wird in Behältern zu 100 Kg abgefüllt. Um das Endprodukt herzustellen, muß jeder Behälterinhalt 3 ZE in der Rührmaschine verweilen. Danach muß die angeschäumte Milch noch 1 ZE in die Kühlbox, um der Butter die richtige Konsistenz zu verleihen. Am Ende wird jede Produktionseinheit in rote Kartons verpackt.

Beiden Produkten ist gemein, daß jede Produktionseinheit zu 100 Kg von einem Arbeitnehmer während des Fertigungsdurchgangs überwacht und begleitet werden muß. Aus arbeitsschutztechnischen Gründen darf jedoch nur eine Produktionseinheit pro Arbeiter und Tag begleitet werden. Die Abteilung zeichnet sich durch qualitativ hochwertige Produkte aus, so daß sich ein Zwischenhändler bereit erklärt hat, unabhängig vom Produktionsmix, die gesamten Tagesproduktionen von M zu einem Preis von 10 Verrechnungseinheiten (VE)/Paket, und von B zu einem Preis von 6 VE/Paket abzunehmen. Ihre Aufgabe ist es nun, den Tagesumsatz der Abteilung "Schmierstoffe" zu maximieren.

a) Stellen Sie die Zielfunktion und sämtliche Beschränkungsungleichungen (3) auf.

b) Lösen Sie das Problem mit Hilfe der Simplex-Methode und erläutern Sie kurz eventuelle Sonderfälle.

c) Lösen sie das Problem graphisch und kennzeichnen Sie die wichtigsten Punkte, den Raum der zulässigen Lösungen und die optimale Lösung.

18.3 Joghurt

Harry Bierfurt ist ein leidenschaftlicher Kirschjoghurt-Esser. Da die Badesaison naht und er einige Pfunde zu viel auf den Rippen hat, möchte er einen Diättag einlegen, an dem er sich nur von Kirschjoghurt und Mineralwasser ernähren will. Harry hat zwei Lieblingskirschjoghurtarten, mildes Fruchtjoghurt und Light-Joghurt, die sich wie folgt zusammensetzen:

	mildes Fruchtjoghurt	Light-Joghurt
kcal / 100g	96	60
Fett in g/ 100g	3	1
Eiweiß in g/100g	3	4

Ein Becher mildes Fruchtjoghurt kostet 0,30 DM/ 100 g, ein Becher Light-Joghurt 0,50 DM/ 100g. Harry möchte höchstens 15 DM/Tag für Joghurt ausgeben. Die kcal- Zufuhr soll max. 3000 kcal/Tag betragen, wobei er max. 90 g Fett/Tag zu sich nehmen will. Da Eiweiß lebenswichtig ist, ist er bemüht, die Eiweißaufnahme durch Joghurt zu maximieren.
Mit Hilfe der linearen Programmierung möchte Harry berechnen, wie viele Becher der jeweiligen Kirschjoghurtart er unter den angegebenen Restriktionen kaufen sollte, um seine eintägige Diät durchzuführen.

a) Helfen Sie Harry! Lösen Sie dieses Optimierungsproblem mit Hilfe des Simplexalgorithmus und geben Sie in einem Antwortsatz die Anzahl der zu kaufenden Becher und die Menge an Eiweiß an.

b) Lösen Sie das Optimierungsproblem graphisch, wobei das Optimum und der Raum der zulässigen Lösungen zu kennzeichnen sind.

c) Nehmen Sie an, daß Harry max. 78 g Fett / Tag zu sich nehmen will. Liegt dann ein Sonderfall vor und wenn ja, welcher?

18.4 Frau Klug

Studentin D. Klug plant, für die Mathematik-Klausur x_1 Stunden und für die Statistik-Klausur x_2 Stunden Vorbereitungszeit aufzuwenden. Um die Freizeitaktivitäten nicht zu sehr einschränken zu müssen, soll die Vorbereitungszeit für beide Klausuren zusammen maximal 30 Std. betragen. Erfahrungsgemäß ergibt eine Vorbereitungsstunde für Mathematik 2 Klausurpunkte und eine Stunde für Statistik 2,5 Punkte. Die maximal zu erreichende Punktzahl der beiden Klausuren zusammen beträgt 70. Da D. Klug viel Freude an der Mathematik hat, soll außerdem die Vorbereitungszeit für Mathematik doppelt so groß sein

wie die Vorbereitungszeit für Statistik. Die Eltern belohnen jeden Mathematik-Punkt und jeden Statistik-Punkt mit 4 DM.
Wie hoch ist die maximal mögliche Gesamteinnahme aus beiden Klausuren zusammen für D. Klug? Bei welcher Aufteilung der Vorbereitungsstunden wird dieses Maximum erreicht?

a) Stellen Sie die Zielfunktion und die Nebenbedingungen auf.

b) Wie soll Frau Klug sich vorbereiten?

c) Ermitteln Sie die optimale Lösung graphisch.

Kurz vor beiden Klausuren erfährt D. Klug, daß die Noten der beiden Klausuren nach folgenden Tabellen festgelegt werden.

Mathematik

Punktzahl	Note
36 - 40	1
30 - 35	2
24 - 29	3
20 - 23	4
0 - 19	5

Statistik

Punktzahl	Note
26 - 30	1
22 - 25	2
18 - 21	3
15 - 17	4
0 - 14	5

d) Mit welchen Noten besteht D. Klug die beiden Klausuren?

18.5 Gartenfreundin Paula

Gartenfreundin Paula hat die Absicht, einen Blumenkasten in ihrem Wintergarten neu zu bepflanzen. In ihrer Gartenzeitung wurde von zwei neuen Pflanzenzüchtungen berichtet, die relativ viel Sauerstoff produzieren.
Paula möchte nun ihren Blumenkasten (oder Teile des Kastens), der 2000 cm^2 groß ist, mit Pflanzen dieser beiden Züchtungen füllen, wobei eine Pflanze der Züchtung A 80 cm^2 Platz benötigt, eine der Züchtung B 100 cm^2.
Im nächstgelegenen Gartenmarkt beträgt der Preis einer Pflanze der Züchtung A 4.- DM, der Züchtung B 6.- DM. Die Bepflanzung soll nicht mehr als 104 DM kosten. Da die Wasserpreise sehr hoch sind, möchte Paula täglich nicht mehr als 850 ml Wasser zum Gießen verbrauchen. In ihrer Gartenzeitung steht, daß eine Pflanze der Züchtung A 30 ml Wasser/Tag und eine Pflanze der Züchtung B 50ml Wasser/Tag benötigt.
Paulas Ziel ist es, die Tages-Sauerstoffproduktion zu maximieren. Sie weiß, daß eine Pflanze der Züchtung A 20 cm^3 Sauerstoff/Tag und eine Pflanze der Züchtung B 30 cm^3 Sauerstoff/Tag produziert.

a) Paula möchte nun von Ihnen wissen, wie viele Pflanzen jeder Züchtung sie im nächstgelegenen Gartenmarkt kaufen sollte, damit die Tages-Sauerstoffproduktion maximiert wird. Lösen Sie dieses Optimierungsproblem mit Hilfe des Simplexalgorithmus und geben Sie in einem Antwortsatz die Anzahl der zu kaufenden Pflanzen und die Menge an Sauerstoff an. Gibt es nur diese eine optimale Lösung? Warum?

b) Geben Sie bitte eine weitere optimale Lösung an!

c) Lösen Sie das Optimierungsproblem graphisch, wobei die Optima und der Raum der zulässigen Lösungen zu kennzeichnen sind.

18.6 Dino Zavidoff

Herr Dino Zavidoff ist berühmt für seine edlen Zigarren. Für die Herstellung seiner Zigarren bezieht er Tabak von zwei Tabakfirmen aus Kuba. Der Tabak der Firma "Fidel" kostet pro Gewichtseinheit(GE) 6 DM, bei der anderen Firma "Castro" liegt der Preis bei 2 DM/GE. Von der Tabakfirma "Fidel" bezieht er Tabak, in dem pro Gewichtseinheit 20% Nikotin und 20% Teer enthalten sind. Die Tabakfirma "Castro" vertreibt Tabak mit 10% Nikotin- und 40% Teergehalt pro GE. Das geheime Rezept von Zavidoff ist, daß in einer Zigarre mindestens 0,6 GE Nikotin und 1,2 GE Teer enthalten sein müssen.
Durch Kapazitätsbeschränkungen in seiner Mischanlage kann er höchstens 5 GE Tabak pro Planungsabschnitt mischen.
Herr Dino Zavidoff möchte wissen, welche die optimale Mischzusammensetzung unter dem Aspekt der geringstmöglichen Kosten ist.

a) Erstellen Sie den mathematischen Ansatz, der dieses Optimierungsproblem beschreibt und geben Sie die Standardform der linearen Programmierung an.

b) Lösen Sie das Optimierungsproblem graphisch, wobei das Optimum und der Raum der zulässigen Lösungen zu kennzeichnen sind.

c) Ermitteln Sie die Lösung mit Hilfe der Simplex-Algorithmus, geben Sie die gefundenen Mengen und die Kosten explizit an.

Arbeitshinweise:

[1] **Kallischnigg, G.; Kockelkorn, U.:** S. 287-308.
[2] **Schwarze, J.:** Band III, S. 93-134.
[3] **Ohse, D.:** Band II, S. 229-281.

19 Aufgaben zum Dualprinzip

19.1 Recycling

Ein Entsorgungsunternehmen will in das Recyclinggeschäft einsteigen. Dazu ist es notwendig, Hausmüll und Gewerbeabfall zu sortieren.
Es wird gefordert, daß mindestens 15 (tausend) t Hausmüll und mindestens 12 (tausend) t Gewerbeabfall pro Woche sortiert werden können.
Am Markt werden 3 verschiedene Sortieranlagen angeboten:

- Sortieranlage S_1 kann 3 t Hausmüll und 4 t Gewerbeabfall sortieren,
- Sortieranlage S_2 kann 1 t Hausmüll und 3 t Gewerbeabfall sortieren,
- Sortieranlage S_3 kann nur Hausmüll sortieren: 1 t

(alle Angaben in tausend (t) / Woche).

Die Kosten der Sortieranlagen betragen: S_1 480, S_2 240 und S_3 60 (Angaben in tausend DM).

a) Wie viele Sortieranlagen S_1, S_2 und S_3 werden für obige Problemstellung bei minimalen Kosten benötigt ? Lösen Sie diese Aufgabenstellung mit Hilfe des Dualproblems der Linearen Programmierung. Schreiben Sie dazu zuerst das Primalproblem auf. Wie hoch sind die Kosten ?

b) Der Preis für Sortieranlage S_1 erhöht sich von 480 auf 510 (tausend DM). Welche Auswirkungen hat dies auf die Kosten der Entsorgungsfirma ? (ohne neues Tableau)

19.2 Chemisches Unternehmen

In großen chemischen Unternehmen sind die einzelnen Betriebsteile stark miteinander verflochten. So werden z.B. Dampf und Warmwasser, die in einem Betriebsteil beim Kühlen entstanden sind, an andere Betreibsteile zum Erwärmen geliefert, und Stoffe, die als Kuppelprodukte in einem Prozeß anfallen, werden in anderen Betriebsteilen weiterverarbeitet. Eine Anlage in einem solchen Betrieb soll zwei Produkte A und B herstellen können. Zur Produktion werden aus anderen Betriebsteilen folgende Leistungen benötigt:

Schwefelsäure:	maximal 40 Einheiten pro Schicht lieferbar; für 1 Einheit A werden 5 Einheiten Schwefelsäure benötigt; für 1 Einheit B werden 10 Einheiten Schwefelsäure benötigt.
Warmwasser (180°C):	maximal 50 Einheiten pro Schicht lieferbar; für 1 Einheit A werden 10 Einheiten Warmwasser benötigt; für 1 Einheit B werden 10 Einheiten Warmwasser benötigt.
Kühlwasser (60°C):	maximal 80 Einheiten pro Schicht lieferbar; für 1 Einheit A werden 20 Einheiten Kühlwasser benötigt; für 1 Einheit B werden 10 Einheiten Kühlwasser benötigt;

Außerdem gibt die betrachtete Anlage noch Dampf an andere Betriebsteile ab:

Dampf (250°C):	mindestens 90 Einheiten pro Schicht zu liefern; pro produzierter Einheit A werden 20 Einheiten Dampf freigesetzt; pro produzierter Einheit B werden 20 Einheiten Dampf freigesetzt;

Eine verkaufte Einheit des Produktes A liefert einen Gewinn von 30 Geldeinheiten, eine verkaufte Einheit des Produktes B liefert einen Gewinn von 40 Geldeinheiten.Bestimmen Sie den gewinnoptimalen Produktionsplan. Stellen Sie dazu alle Nebenbedingungen als Kleiner-Gleich-Bedingungen dar. Formulieren Sie das Dualproblem und lösen Sie dieses mit dem Simplex-Algorithmus.

19.3 Diät

Eine bestimmte Diät soll mindestens 10 Einheiten Vitamine, 12 Einheiten Mineralien und 8 Einheiten Kalorien enthalten. Drei Nahrungsmittel N_1, N_2, N_3 stehen zur Verfügung.
Die Kosten pro Mengeneinheit [ME] N_1 betragen 3 Geldeinheiten [GE], ein ME N_2 kostet 2 GE und eine ME N_3 kostet 4 GE. Die folgende Tabelle zeigt, wieviel Vitamine (V), Mineralien (M) und Kalorien (K) jeweils eine Einheit von N_1, N_2 und N_3 enthält.

	V	M	K
N_1	5	2	1
N_2	1	2	4
N_3	2	3	2

a) Wieviel Einheiten der drei Nahrungsmittel sollen gekauft werden, um die Diätvorschriften zu erfüllen und die Kosten zu minimieren (geben Sie die minimalen Kosten an)? Lösen Sie diese Aufgabenstellung mit Hilfe des Dualproblems der Linearen Programmierung. Schreiben Sie dazu zuerst das Primalproblem auf.

b) Liegt ein Sonderfall vor?

19.4 Dualproblem und Sonderfälle (F)

a) Gegeben sei folgendes Primalproblem:

$G = 6x_1 + 5x_2 + 7x_3 + 3x_4 \rightarrow \max$

M_1: $2x_1 + 1x_2 + 2x_3 + 1x_4 \leq 120$

M_2: $1x_1 + 3x_2 + 3x_3 + 2x_4 \leq 150$

M_3: $3x_1 + 2x_2 + 0x_3 + 1x_4 \leq 200$

Formulieren Sie das dazugehörige Dualproblem!

b) Welche Sonderfälle liegen jeweils in den folgenden Endtableaus vor?

I.

	y_1	y_2	x_1	x_2	g	
x_1	-2	0	1	-3	0	2
y_2	-3	1	0	-2	0	2
-g	-5	0	0	8	1	-11

II.

	y_1	y_2	x_1	x_2	g	
x_1	0	1	1	4	0	-4
y_1	1	-2	0	-2	0	2
-g	0	2	0	1	1	-12

c) Welche Sonderfälle liegen jeweils in den zu b) dualen Problemen vor?

Arbeitshinweise:

[1] **Kallischnigg, G.; Kockelkorn, U,:** S. 309-321.

20 ALLGEMEINE FRAGEN

20.1 Frage 1 (F)

Beurteilen Sie folgende Aussagen mit "richtig" (r) oder "falsch" (f)!

1. $f(x) \geq 0$ im Intervall $[a;b]$ $\Rightarrow \int_a^b f(x)dx$ 80.

2. Ohne Angabe eines Anfangswertes ist die Lösung einer Differentialgleichung nicht eindeutig bestimmt.

3. Es existieren unendlich viele Mengen von Vektoren, die eine Basis des R^3 bilden.

4. Zwei beliebige Matrizen lassen sich miteinander multiplizieren, wenn die Anzahl der Zeilen der ersten Matrix mit der Anzahl der Spalten der zweiten Matrix übereinstimmt.

5. Der Rang einer Matrix ist mindestens so groß wie das Minimum aus Zeilen- und Spaltenzahl.

6. Wenn der Rang der Koeffizientenmatrix eines linearen Gleichungssystems mit der Anzahl der Variablen übereinstimmt, dann ist das lineare Gleichungssystem immer eindeutig lösbar.

7. $\det \bar{A} = 7 \quad \Rightarrow \quad \det(3 \cdot \bar{A}) = 21.$

8. Alle Fragestellungen der Input-Output-Analyse lassen sich auch ohne die Bildung der Leontief-Inversen berechnen.

9. Wenn eine Markovkette eine stationäre Verteilung besitzt, so ist diese auch gleichzeitig ihre Grenzverteilung.

10. Wenn im Primalproblem der Spezialfall der Degeneration auftritt, so ist das dazugehörige Dualproblem mehrdeutig.

20.2 Frage 2 (F)

Beurteilen Sie folgende Aussagen mit richtig (**r**) oder falsch (**f**):

1. Tritt im Primalproblem der Sonderfall der Unbeschränktheit auf, so ist das dazugehörende Dualproblem unlösbar.

2. Wenn sich in einem Simplex-Tableau keine Austrittsvariable bestimmen läßt, so liegt der Sonderfall der Degeneration vor.

3. Bei einer strengen Systemhierarchie in der Teilebedarfsrechnung kann die Lösung mit einfacher Matrizenmultiplikation gefunden werden.

4. Bei der ibL gilt für die Berechnung der Gesamtkosten einer Vorkostenstelle: Gesamtkosten = Primärkosten - (Sekundärkosten + interne Leistung).

5. Die Vorleistungsmatrix der Input-Output-Tabelle enthält sämtliche intersektoralen Ströme.

6. Der Zustandsvektor, bei dem sich in der folgenden Periode dieselbe Aufteilung der Marktanteile ergibt, wird als stationäre Verteilung bezeichnet (Markov).

7. Die Determinante einer Dreiecksmatrix ist gleich der Summe der Hauptdiagonalelemente.

8. Zwei Vektoren $\vec{a}$; $\vec{b} \in R^m$ stehen genau dann senkrecht aufeinander, wenn : $\vec{a} \cdot \vec{b} = -1$.

9. Jede quadratische Matrix ist invertierbar.

10. Die höchste in einer Differentialgleichung auftretende Ableitung bestimmt die Ordnung der Differentialgleichung.

<u>Wertung:</u>

Frage richtig beantwortet: 1 Punkt
Frage falsch beantwortet: -1 Punkt
Frage nicht beantwortet: 0 Punkte

Teil 2
- Lösungen -

Lösungen zu den Aufgaben aus Teil 1.
Die Lösungen haben dieselben Titel und Numerierungen wie die entsprechenden Aufgaben.

L 1 LÖSUNGEN ZUR AUSSAGENLOGIK UND MENGENLEHRE

L 1.1 Beweistechniken - Die vollständige Induktion

L 1.1.1 Induktion 1

I) Induktionsanfang: $\sum_{i=0}^{0} \left(\frac{1}{2}\right)^{i} = 1 = 2 - \frac{1}{2^0}$

II) Induktionsvoraussetzung: $\sum_{i=0}^{n} \left(\frac{1}{2}\right)^{i} = 2 - \frac{1}{2^n}$ gilt für mindestens ein $n \geq 0$

III) Induktionsbehauptung: $\sum_{i=0}^{n+1} \left(\frac{1}{2}\right)^{i} = 2 - \frac{1}{2^{n+1}}$

IV) Induktionsschluß: $\sum_{i=0}^{n+1} \left(\frac{1}{2}\right)^{i} = \sum_{i=0}^{n} \left(\frac{1}{2}\right)^{i} + \left(\frac{1}{2}\right)^{n+1}$

$$= 2 - \frac{1}{2^n} + \left(\frac{1}{2}\right)^{n+1} \qquad = 2 - \frac{1}{2^n} + \frac{1}{2^{n+1}}$$

$$= 2 - \frac{2^{n+1}}{2^n\ 2^{n+1}} + \frac{2^n}{2^n\ 2^{n+1}} \qquad = 2 - \frac{2^n\ (2-1)}{2^n\ 2^{n+1}}$$

$$= 2 - \frac{2^n\ 1}{2^n\ 2^{n+1}} \qquad = 2 - \frac{1}{2^{n+1}}$$

L 1.1.2 Induktion 2

I) Induktionsanfang: $\sum_{i=1}^{1} 5^{i-1} = 1 = \frac{1}{4}(5^1 - 1)$

II) Induktionsvoraussetzung: $\sum_{i=1}^{n} 5^{i-1} = \frac{1}{4}(5^n - 1)$

III) Induktionsbehauptung: $\sum_{i=1}^{n+1} 5^{i-1} = \frac{1}{4}(5^{n+1} - 1)$

IV) Induktionsschluß: $\sum_{i=1}^{n+1} 5^{i-1} = \frac{1}{4}(5^{n+1} - 1)$

linke Seite: $\sum_{i=1}^{n+1} 5^{i-1} = \sum_{i=1}^{n} 5^{i-1} + 5^n = \frac{1}{4}(5^n - 1) + 5^n = \frac{1}{4}5^n - \frac{1}{4} + 5^n = \frac{5}{4}5^n - \frac{1}{4}$

rechte Seite: $\frac{1}{4}(5^{n+1} - 1) = \frac{1}{4}5^{n+1} - \frac{1}{4} = \frac{5}{4}5^n - \frac{1}{4} \Rightarrow \sum_{i=1}^{n+1} 5^{i-1} = \frac{1}{4}(5^{n+1} - 1)$

L 1.1.3 Induktion 3

I) Induktionsanfang:
$$\sum_{i=1}^{n}\frac{1}{3^{i-1}}=\sum_{i=1}^{1}\frac{1}{3^{i-1}}=1=1=\frac{3}{2}-\frac{1}{2\cdot 3^{0}}=\frac{3}{2}-\frac{1}{2\cdot 3^{n-1}}$$

II) Induktionsvoraussetzung:
$$\sum_{i=1}^{n}\frac{1}{3^{i-1}}=\frac{3}{2}-\frac{1}{2\cdot 3^{n-1}}$$

III) Induktionsbehauptung:
$$\sum_{i=1}^{n+1}\frac{1}{3^{i-1}}=\frac{3}{2}-\frac{1}{2\cdot 3^{(n+1)-1}}=\frac{3}{2}-\frac{1}{2\cdot 3^{n}}$$

IV) Induktionsschluß:
$$\sum_{i=1}^{n+1}\frac{1}{3^{i-1}}=\frac{1}{3^{n}}+\sum_{i=1}^{n}\frac{1}{3^{i-1}}$$
$$=\frac{1}{3^{n}}+\frac{3}{2}-\frac{1}{2\cdot 3^{n-1}}$$
$$=\frac{3}{2}-\frac{3}{2\cdot 3^{n}}+\frac{2}{2\cdot 3^{n}}=\frac{3}{2}-\frac{1}{2\cdot 3^{n}}$$

L 1.2 Mengenlehre

A: BAFÖG
B: Eltern
C: Arbeit

Die Angaben aus dem Text sind Fett markiert !

$A - \overline{A} = 86$
$A + \overline{A} = 400$
$\Rightarrow 2A = 486$
$\Rightarrow A = 243$

Veitch-Diagramm:

	C		$\overline{C}$		
	B	$\overline{B}$	B	$\overline{B}$	
A	4	**164**	35	**40**	**243**
	36				
$\overline{A}$	32	80	41	4	157
	112				
	280				
	36	244	76	44	**400**

112

L 2 Lösungen zu Folgen und Reihen

L 2.1 Richtig oder Falsch ?

F 1) Arithmetische Folgen haben für $d < 1$ einen Häufungspunkt oder Grenzwert.
R 2) Folgen sind Funktionen
F 3) Rekursive Folgen sind immer endlich.
F 4) Hat eine Folge einen Häufungspunkt, so ist diese Folge beschränkt.
R 5) Es gibt endliche und unendliche Folgen
F 6) Folgen sind immer injektiv.
F 7) Nur surjektive Folgen sind auch Funktionen.
R 8) Die Folge $a_k = \sin(k)$ ist beschränkt.
R 9) Eine obere Schranke für die Folge $a_k = \frac{1}{k^2}$ ist 10 .
F 10) Beschränkte Folgen sind monoton.

L 2.2 Folgen

a) $a_k = a + (k-1)d$

$\Rightarrow a = a_k - (k-1)d$

$\Rightarrow a = a_{10} - 9d = 13 - 18 = -5$

$s_n = 0{,}5n\,[2a + (n - 1)$

$\Rightarrow s_n - 0{,}5n\,[2a + (n - 1) = 0$

$\Rightarrow n^2 - 6n - 315 = 0$

$\Rightarrow n_{1,2} = 3 \pm \sqrt{9+315}$

$\Rightarrow n_1 = -15 \text{ und } n_2 = 21$

$\rightarrow n = 21$

$a_n = a + (n-1)d = -5 + 20 \cdot 2 = 35$

b)

$$\lim_{k\to\infty} a_k = \lim_{k\to\infty} \frac{(k+1)^2}{k^2} = \lim_{k\to\infty} \frac{k^2+2k+1}{k^2} = 1$$

$$\lim_{k\to\infty} b_k = \lim_{k\to\infty} \frac{\sqrt{k^2+1}}{2k+3} = \lim_{k\to\infty} \sqrt{\frac{k^2+1}{(2k+3)^2}} = \lim_{k\to\infty} \sqrt{\frac{k^2+1}{4k^2+12k+9}} = \lim_{k\to\infty} \sqrt{\frac{1+\frac{1}{k^2}}{4+\frac{12}{k}+\frac{9}{k^2}}} = \frac{1}{2}$$

$$\lim_{k\to\infty} c_k = \lim_{k\to\infty} \sqrt[k]{c^{k+5}} = \lim_{k\to\infty} (c^{\frac{k+5}{k}}) = \lim_{k\to\infty} (c^{1+\frac{5}{k}}) = c$$

L 2.3 Plastikkugel

a)

(A)

$$q = \frac{2}{3} < 1$$

$$a_1 = \frac{3}{2}$$

$$S = \lim_{n\to\infty} S_n = \frac{a_1}{1-q} = \frac{\frac{3}{2}}{1-\frac{2}{3}} = \frac{9}{2}$$

(B)

$$q = -\frac{1}{2} < -1$$

$$S = \lim_{n\to\infty} S_n = \frac{a_1}{1-q} = \frac{1}{1+\frac{1}{2}} = \frac{2}{3}$$

b)

$$S_n = 100+80+80+64+64+51{,}2+51{,}2......$$

$$S_n = 180+144+115{,}2+.....$$

$$q = \frac{144}{180} = \frac{4}{5} = 0{,}8 < 1$$

Summe der unendlich geometrischen Reihe:

$$S = \frac{180}{1-\frac{4}{5}} = 180 \cdot 5 = 900$$

Antwort: Der Weg beträgt 9m.

L 3 LÖSUNGEN ZU DEN DIFFERENZENGLEICHUNGEN

L 3.1 Ruairidh McDonalds Schaffarm

a) $y_t = 1{,}8 \cdot y_{t-1} - 500 \cdot$
inhomogen, linear, 1. Ordnung, konstante Koeffizienten

b) $y_t = 2000 \quad a = 1{,}8 \quad b = -500 \quad y_0 = 1000$

$$y_t = \left(y_0 + \frac{b}{a-1}\right) a^t - \frac{b}{a-1}$$

$$2000 = \left(1000 - \frac{500}{1.8 - 1}\right) \cdot 1{,}8^t + \frac{500}{1.8 - 1}$$

$$1{,}8^t = \frac{2000 - 625}{1000 - 625}$$

$$t = \frac{\ln 3.6666}{\ln 1.8} = 2{,}21$$

Die Herde hat sich nach drei Jahren verdoppelt.

c) $y_t = (1000 - 625) \cdot 1{,}8^3 + 625 = 2812$
Die Herde besteht nach drei Jahren aus 2812 Tieren.

d) $y_t = y_{t-1} \quad b = ?$
$\Rightarrow y_t = 1{,}8 \cdot y_t - b$
$2812 = 1{,}8 \cdot 2812 - b$
$\Rightarrow b = 2249{,}6$
Es müssen 2250 Tiere pro Jahr geschlachtet werden.

e) $2000 = 2812 \cdot 1{,}8^3 + b \cdot \frac{1.8^3 - 1}{1.8 - 1}$
$b = -2384$
Es müssen 2384 Tiere pro Jahr geschlachtet werden.

L 3.2 „Better-Bubble“ Kaugummi

a) $P_t = -\frac{1}{4} P_{t-1} + 46$

b) $P_t = \left(\left(-\frac{1}{4}\right)^t \cdot 20 + 46 \frac{1 - \left(-\frac{1}{4}\right)^t}{1 - \left(-\frac{1}{4}\right)} \right)$

c) $X_{t,a} = \frac{3}{4} P_{t-1} + 12$

$X_{t,n} = -3\, P_t + 150$

$X_{t,a} = X_{t,n}$

$\Rightarrow \quad \frac{3}{4} P_{t-1} + 12 = -3\, P_t + 150$

$\Rightarrow \quad P_t = -\frac{1}{4} P_{t-1} + 46$

$\Rightarrow \quad P_1 = -\frac{1}{4} \cdot 20 + 46 = 41$

$\Rightarrow \quad P_2 = -\frac{1}{4} \cdot 41 + 46 = 35{,}75$

d) $P_G = \lim_{t\to\infty} P_t = \lim_{t\to\infty} \left((-0{,}25)^t\, 20 + 46 \cdot \frac{1 - (-\frac{1}{4})^t}{1 - (-\frac{1}{4})} \right) = 0 + 46 \frac{1 - 0}{1 - (-\frac{1}{4})} = \frac{46}{1.25} = 36{,}80$

oder durch Lösen von $\frac{3}{4} P_G + 12 = -3P_G + 150$

e) $\varepsilon_{x,p} = \frac{-3p}{-3p + 150} = \varepsilon(p)$

f) $\varepsilon(20) = \frac{-60}{-60 + 150} = \frac{-2}{3}$

g) Ja, da $|\varepsilon(20)| < 1$

L 3.3 Hinterhubers Hühnerfarm

a) $Y_t = Y_{t-1} + 0{,}1\, Y_{t-1} \cdot 8 - 0{,}4 \cdot 0{,}1\, Y_{t-1} \cdot 8 - 0{,}03 Y_{t-1} - 90$

$= Y_{t-1} + 0{,}8\, Y_{t-1} - 0.32\, Y_{t-1} - 0.03\, Y_{t-1} - 90$

$= Y_{t-1} + 0{,}45\, Y_{t-1} - 90$

$= 1{,}45\, Y_{t-1} - 90$

Lineare, inhomogene Differenzengleichung 1. Ordnung mit konstantem Koeffizienten.

b) $Y_t = 1{,}45^t \cdot Y_0 - 90 \frac{1 - 1{,}45^t}{1 - 1{,}45}$

$= 1{,}45^t\, Y_0 + 200\, (1 - 1{,}45)^t \quad = (Y_0 - 200)\, 1{,}45^t + 200$

c) $Y_3 = 50 \cdot 1{,}45^3 + 200 = 352{,}4 \approx 352$ Hühner

Nach drei Monaten hat er 352 Hühner.

d) $10000 = 50 \cdot 1{,}45^t + 200 \quad | - 200$

$\Leftrightarrow 9800 = 50 \cdot 1{,}45^t \quad | : 50$

$\Leftrightarrow 196 = 1{,}45^t$

$\Leftrightarrow \ln 196 = t \ln(1{,}45)$

$\Leftrightarrow t = \frac{\ln(196)}{\ln(1{,}45)} = 14{,}2 \approx 15$

Nach etwa 15 Monaten ist sein Stall mehr als voll.

e) $Y_t = Y_{t-1} + 0{,}1 \cdot 8\,(1-0{,}8)\,Y_{t-1} - 0{,}03\,Y_{t-1} - b$
$\quad = 1{,}13\,Y_{t-1} - b$

$Y_t = Y_{t-1} = 10000$
$10000 = 1{,}13 \cdot 10000 - b$
$b = 11300 - 10000 = 1300$
Er müßte 1300 Hühner pro Monat verkaufen.

L 3.4 Dino Radiergummis

a) $Y_t = 1{,}2\,Y_{t-1}$: 1. Ordnung, linear, konstante Koeffizienten, homogen

b)

Lösungsformel: $Y_t = a^t \cdot Y_0 \quad \Leftrightarrow$

$$t = \frac{\ln\frac{Y_t}{Y_0}}{\ln a} = \frac{\ln\frac{30}{10}}{\ln 1{,}2} = \frac{\ln 3}{\ln 1{,}2} = 6{,}025 \approx \underline{\underline{7\,\text{Jahre.}}}$$

c) $Y_t = 1{,}25\,Y_{t-1} - 2$: 1. Ordnung, linear, konstante Koeffizienten, inhomogen

d)

Lösungsformel : $Y_t = a^t \cdot (Y_0 - \frac{b}{1-a}) + \frac{b}{1-a} \quad \Leftrightarrow$

$$t = \frac{\ln\dfrac{Y_t - \frac{b}{1-a}}{Y_0 - \frac{b}{1-a}}}{\ln a} = \frac{\ln\dfrac{30 - \frac{-2}{1-1{,}25}}{10 - \frac{-2}{1-1{,}25}}}{\ln 1{,}25} = \frac{\ln 11}{\ln 1{,}25} = 10{,}27 \approx \underline{\underline{11\,\text{Jahre.}}}$$

e)

Lösungsformel: $Y_t = a^t \cdot Y_0 + b\frac{a^t - 1}{a-1} \quad \Leftrightarrow$

$$b = \frac{Y_t - a^t \cdot Y_0}{\frac{a^t - 1}{a-1}} = \frac{(Y_t - a^t \cdot Y_0)(a-1)}{a^t - 1} = \frac{(30 - 1{,}25^7 \cdot 10)(1{,}25-1)}{1{,}25^7 - 1}$$

$$b = -1{,}1732 \approx \underline{\underline{-1{,}2\,\text{Mio.}}}$$

L 3.5 Parfumfläschchen

a) $Y_0 = 10$
$a = 1 - 0{,}1 - 0{,}2 + 0{,}1 = 0{,}8$
$b = 2 + 4 - 1 = 5$
$Y_t = 0{,}8\,Y_{t-1} + 5$

Inhomogene lineare Differenzengleichung 1. Ordnung mit konstanten Koeffizienten

b) $Y_6 = 0{,}8^6 \cdot 10 + 5\frac{1-0{,}8^6}{1-0{,}8} = 21$

Nach sechs Halbjahren (19. Geburtstag) hat sie 21 Parfümfläschchen.

c) $Y_t = 24$

$$t = \frac{\ln\left(\frac{Y_t - \frac{b}{1-a}}{Y_0 - \frac{b}{1-a}}\right)}{\ln a} = \frac{\ln 0{,}0666}{\ln 0{,}8} = 12{,}13$$

Nach etwa 13 Halbjahren ist ihr Setzkasten voll.

d) $\lim\limits_{t\to\infty}\left(0{,}8^t \cdot 10 + 5\frac{1-0{,}8^t}{1-0{,}8}\right) = \lim\limits_{t\to\infty}\left(0{,}8^t\left(10 - \frac{5}{0{,}2}\right) + \frac{5}{0{,}2}\right) = 0 + 25 = 25$

Sie wird langfristig 25 Fläschchen in ihrer Sammlung haben.

e) $X_{t,a} = X_{t,n}$

$0{,}5\, p_{t-1} - 5 = 10 - 0{,}5\, p_t$

$p_t = -p_{t-1} + 30 = 30 - p_{t-1}$

$p_1 = 20;\quad p_2 = 10;\quad p_3 = 20;\quad p_4 = 10$

f) $p_G = p_t = p_{t-1}$

$p_G = 30 - p_G$

$p_G = 15$

p_G wird nicht erreicht, Preis oszilliert (jeweils mit 5 GE Abstand zum Gleichgewichtspreis).

L 3.6 Vino Veritas

a) $y_t = 0{,}9 \cdot y_{t-1} + 100$

b) lineare, inhomogen Differenzengleichung 1. Ordnung mit konstanten Koeffizienten

c) Aus $y_t = y_0 \cdot a^t + b\,\frac{1-a^t}{1-a} = (y_0 - \frac{b}{1-a})\,a^t + \frac{b}{1-a}$ folgt mit $y_0 = 0$ für t:

$$t = \frac{\ln\left(\frac{y_t - \frac{b}{1-a}}{y_0 - \frac{b}{1-a}}\right)}{\ln a} = \frac{\ln\left(\frac{875 - \frac{100}{1-0{,}9}}{0 - \frac{100}{1-0{,}9}}\right)}{\ln 0{,}9} = 19{,}74 \approx 20 \text{ Tage.}$$

d) $y_t = 0{,}98 \cdot y_{t-1} - b$

e) Mit $y_{t=240} = 5$ Liter und $y_0 = 875$ Liter folgt aus $y_t = y_0 \cdot a^t - b\ \dfrac{1-a^t}{1-a}$ für b:

$$b = \frac{y_0 \cdot a^t - y_t}{\dfrac{1-a^t}{1-a}} = \frac{875 \cdot 0{,}98^{50} - 5}{\dfrac{1-0{,}98^{50}}{1-0{,}98}} = 9{,}8658 \approx 10 \text{ Liter.}$$

f) $y_t = 1{,}0 \cdot y_{t-1} - 0{,}25$

g) Mit $y_0 = 80$ Liter, $y_t = 0$ und $b = 0{,}25$ l/h folgt für t:

$$t = \frac{y_0}{b} = \frac{80l}{0{,}25l/h} = 320 \text{ h.}$$

L 3.7 Fernseher

a) $X_N(0) = 1300 - 25 \cdot \sqrt{0} = 1300$

Es könnten maximal 1300 Fernseher verschenkt werden.

b) Zu bestimmen ist die Nullstelle der Angebotsfunktion.

$X_A(p_{nst}) = 0 \Rightarrow x_{nst} = 2300$

c) Zu bestimmen ist die Nullstelle der Nachfragefunktion.

$$X_N(p_{nn}) = 1300 - 25 \cdot \sqrt{p_{nn}}) = 0$$

$$\Rightarrow \sqrt{p_{nn}} = \frac{1300}{25} = 52$$

$$\Rightarrow p_{nn} = 2704$$

d) Zu besimmen ist der Schnittpunkt der Angebots und Nachfragekurve.

Gleichsetzen ergibt:

$$1300 - 25 \cdot \sqrt{p_G} = \frac{1}{4} p_G - 575$$

$$\Rightarrow 0 = \frac{1}{4} p_G + 25 \cdot \sqrt{p_G} - 1875$$

$$\Rightarrow 0 = p_G + 100 \cdot \sqrt{p_G} - 7500$$

Einsetzen in die Lösungsformel für quadr atische Gleichungen ergibt:

$$\sqrt{p_G}_{1,2} = -50 \pm \sqrt{50^2 + 7500} = -50 \pm 100$$

offensichtlich ist nur $\sqrt{p_G} = 50$ möglich.

Damit erhä lt man für den Gleichgewichtspreis:

$p_G = 2500$

L 3.8 Bevölkerungsentwicklung

Einwohnerzahl in A-Stadt nach 15 Jahren:

$$y_{15} = 22000 \cdot 1{,}1^{15} + 500 \cdot \frac{1{,}1^{15} - 1}{1{,}1 - 1} = 107785$$

jährlicher Zuzug nach B-Stadt:

$$b = (107785 - 18000 \cdot 1{,}05^{15}) \frac{1{,}05 - 1}{1{,}05^{15} - 1} = 3260{,}84 \approx 3261$$

Pro Jahr müßten etwa 3261 Leute nach B-Stadt zuziehen.

L 3.9 Brunnenbau und Wassertropfen

a) gleichmäßige Erhöhung des Preises pro Meter Bohrtiefe → Arithmetische Folge

gegeben: $a_1=168$, $a_{27} = 298$, $k = 27$

gesucht: $d = ?$

Es ist: $a_k = a_1 + (k - 1) \cdot d$

Also: $298 = 168 + (27 - 1) \cdot d \Leftrightarrow d = 5$

Der Preiszuschlag beträgt pro Meter Bohrtiefe 5 DM.

Eine Bohrung, die 100 Meter tief gehen soll kostet $s_{100} = 33.150$ DM

b) Zellteilung → Geometrische Folge

gegeben: $a_1 = 118$, $a_k = 3776$, $q = 2$

gesucht: $k = ?$

Es ist: $a_k = a_1 \cdot q^{k-1}$

Also: $3776 = 118 \cdot 2^{k-1}$

$\Leftrightarrow 32 = 2^{k-1}$

$\Leftrightarrow \ln 32 / \ln 2 = k - 1$

$\Leftrightarrow k = 6$ Die zweite Zählung erfolgte am sechsten Tag.

Am zehnten Tag befinden sich in dem Wassertropfen $a_k = 118 \cdot 2^{k-1}$ mit $k = 10$:

$a_{10} = 118 \cdot 2^{10-1} = 60416$ Organismen.

L 4 LÖSUNGEN ZUR FINANZMATHEMATIK

L 4.1 Die „Quikfill“-Maschine

a) Barwert des Angebots A: -400000.- DM

Barwert des Angebots B: $-120000 - 6000\,\frac{1{,}0095^{36}-1}{0{,}0095}\cdot 1{,}0095^{-36} = -120000 - 6000\cdot 30{,}37$

$= -302220.\text{-DM}$

Barwert des Restwertes:	400000 - 302220	= 97780.-DM
Restwert nach dem Dritten Jahr:	$97780\,(1.0095)^{36}$	= 137428.77 DM

b) Barwert d. Investition:

Monat 6-10: $\frac{10000\cdot\frac{1{,}0095^{5}-1}{0{,}0095}}{1{,}0095^{10}} = 46361{,}52$ DM

Monat 11-25: $\frac{25500\cdot\frac{1{,}0095^{15}-1}{0{,}0095}}{1{,}0095^{25}} = 322897{,}18$ DM

Monat 26-36: $\frac{10000\cdot\frac{1{,}0095^{11}-1}{0{,}0095}}{1{,}0095^{36}} = 123135{,}15$ DM

Summe: 492393,85 DM

Die Investition rentiert sich. da sie eine höhere Verzinsung als $p_M = 0.95\%$ pro Monat einbringt (Barwert > 400000.-DM).

L 4.2 Ede und Otto

a) $K_n = K_0\, q^n + k\,\frac{q^n-1}{q-1}$

$$n = \frac{\ln\left(\dfrac{K_n + \frac{k}{q-1}}{K_0 + \frac{k}{q-1}}\right)}{\ln q}$$

mit $k = 0$, $K_0 = 30000$, $K_n = 50000$

$\Rightarrow n = 9{,}54$ Es dauert 10 Jahre.

$k = 1000$, $K_0 = 30000$, $K_n = 50000$

$\Rightarrow n = 6{,}48$ Es dauert 7 Jahre.

b) $K_n = K_0\, q^n$ und $K_n = K_0\,(1+\frac{p}{100\cdot m})^{m\cdot n}$

$\Rightarrow q_{eff} = (1+\frac{p}{100\cdot m})^m$ mit $p/m = 0{,}45$, $m = 12$

$\Rightarrow q_{eff} = 1{,}0553$

$\Rightarrow p_{eff} = 5{,}54\%$ p.a. > 5,5% p.a.

Man kann das Geld Harry anvertrauen.

c) $k = K_0\, q^n \frac{q-1}{q^n-1} = 6173{,}37$

Jahr	Restschuld	Zinsen	Tilgung	Annuität
1	20000	1800	4373,37	6173,37
2	15626,63	1406,39	4766,97	6173,37

d) $T_t = \frac{K_0}{n}$ $\Rightarrow n = 20$ Die Laufzeit beträgt 20 Jahre.

e) Vergleich möglich mit Hilfe der Barwertmethode, d.h alle Zahlungen werden auf den Zeitpunkt null bezogen (Abzinsung). Der Barwert beschreibt, wieviel Wert die Zahlungen zum Zeitpunkt null für uns hätten. Jedenfalls: Zahlungen müssen auf einen Zeitpunkt bezogen werden.

L 4.3 Martins Weltreise

a) I. Barwerte der drei Alternativen:

$$A: K_0 = \frac{K_n}{q^n} = \frac{5.000}{1{,}005^{20}} = 4.525{,}31 \text{ DM}$$

$$B: K_0 = \frac{k\cdot\frac{q^n-1}{q-1}}{q^n} = \frac{250\cdot\frac{1{,}005^{20}-1}{0{,}005}}{1{,}005^{20}} = 4.746{,}85 \text{ DM}$$

$$C: K_0 = \frac{K_{nI}}{q^n} + \frac{K_{nII}}{q^n} = \frac{2.500}{1{,}005^{10}} + \frac{2.500}{1{,}005^{15}} = 4.698.16 \text{ DM}$$

oder: Endwerte der drei Alternativen:

$$A: K_n = 5.000 \text{ DM}$$

$$B: K_n = k\cdot\frac{q^n - 1}{q - 1} = 250\cdot\frac{1{,}005^{20} - 1}{0{,}005} = 5.244{,}78 \text{ DM}$$

$$C: K_n = k_I\cdot q^{nI} + k_{II}\cdot q^{nII} = 2.500\cdot 1{,}005^{10} + 2.500\cdot 1{,}005^{5} = 5.190{,}98 \text{ DM}$$

$\Rightarrow$ Entscheidung für A (wegen niedrigstem Barwert).

$$\text{II. } K_0\left(1 + \frac{p}{m\cdot 100}\right)^m = K_0\left(1 + \frac{p_{eff}}{100}\right)$$

$$p_{eff} = 100\left(\left(1+\frac{p}{m\cdot 100}\right)^m - 1\right) = 100\left(\left(1+\frac{6}{12\cdot 100}\right)^{12} - 1\right) \approx 6{,}17\%$$

$$\text{b) } K_n = K_0\cdot q^n + \frac{k\cdot\frac{q^n-1}{q-1}}{q^n}$$

$$K_n = K_0\cdot q^n + \frac{k\cdot q^n}{q-1} - \frac{k}{q-1}$$

$$K_n + \frac{k}{q-1} = q^n\left(K_o + \frac{k}{q-1}\right)$$

$$q^n = \frac{K_n + \frac{k}{q-1}}{K_0 + \frac{k}{q-1}}$$

$$n = \frac{\ln\left(\frac{K_n+\frac{k}{q-1}}{K_0+\frac{k}{q-1}}\right)}{\ln q} = \frac{\ln\left(\frac{7.000+\frac{300}{0{,}0025}}{2.000+\frac{300}{0{,}0025}}\right)}{\ln 1{,}0025} = 16{,}1 \approx 17 \text{ Monate}$$

$\Rightarrow$ Martin kann am 1.1.1996 verreisen.

L 4.4 Hugo Egons Lotteriegewinn

a) $p_{eff} = 100\left((1{,}008)^{12} - 1\right) = 10{,}03\%$

b) $\sum_{k=1}^{\infty}\left(\frac{10.000}{1{,}008^{k-1}}\right) = \frac{10.000}{1-\frac{1}{1{,}008}} = 1.260.000$

c) Frage nach der Zeit n:

Angebot a): $K_n = K_0\cdot q^n$

Angebot b): $K_n = kq\frac{q^n-1}{q-1}$

Gleichsetzen der beiden Angebote:

$$K_0 \cdot q^n = k \cdot q \frac{q^n - 1}{q - 1} \Leftrightarrow K_0 \cdot q^n = \frac{k \cdot q \cdot q^n}{q-1} - \frac{k \cdot q}{q-1} \Leftrightarrow K_0 \cdot q^n - \frac{k \cdot q \cdot q^n}{q-1} = -\frac{k \cdot q}{q-1}$$

$$\Leftrightarrow \left(K_0 - \frac{kq}{q-1}\right) q^n = -\frac{kq}{q-1}$$

$$n = \frac{\ln\left(\dfrac{-\dfrac{kq}{q-1}}{K_0 - \dfrac{kq}{q-1}}\right)}{\ln q} = \frac{\ln\left(\dfrac{-\dfrac{10.000 \cdot 1{,}008}{1{,}008 - 1}}{1.000.000 - \dfrac{10.000 \cdot 1{,}008}{1{,}008 - 1}}\right)}{\ln 1{,}008} = \frac{\ln\left(\dfrac{-1.260.000}{-260.000}\right)}{\ln 1{,}008}$$

$$n = 198{,}06$$

Nach 198 Monaten (16 Jahren und sechs Monaten) ist Angebot b) besser.

d) $(1.000.000 - 600.000) \cdot 0{,}008 = 3.200$
Er erhält monatlich 3.200 DM.

e) $$k = \frac{K_0 \cdot q^n - K_n}{\dfrac{q^n - 1}{q - 1}} = \frac{600.000 \cdot 1{,}01^{150} - 0}{\dfrac{1{,}01^{150} - 1}{1{,}01 - 1}} = \frac{2.669.053{,}7}{344{,}842} = 7.739{,}92$$

Die monatliche konstante Annuität beträgt 7.739,92 DM.
10.000 - 7.739,92 = 2.260,08
Er hat monatlich 2.260,08 DM als Zweitgehalt zu Verfügung.

L 4.5 Kais Computer

a) Barwerte der Zahlungen der beiden Alternativen :

$$K_{0,Kauf} = 3000 - \frac{1500}{1{,}002^{12}} = 1535{,}54 \text{ DM}$$

$$K_{0,Miete} = 150 \, \frac{1{,}002^{12} - 1}{1{,}002 - 1} \cdot \frac{1}{1{,}002^{12}} = 1776{,}82 \text{ DM}$$

Der Barwert der Zahlungen ist bei Alternative 1 niedriger, er sollte den Computer also kaufen und nachher weiterverkaufen

b) $P_{eff} = (1{,}002^{52} - 1) \cdot 100\ \% = 10{,}95\ \%$

c) $$k = 1500 \; 1{,}005^{100} \cdot \frac{1{,}005 - 1}{1{,}005^{100} - 1} = 19{,}10 \text{ DM}$$

Volker muß monatlich 19,10 DM zahlen

d) Restschuld nach 48 Monatsraten à 20 DM

$$K_n = 1500 \cdot 1{,}005^{48} - 20 \, \frac{1{,}005^{48} - 1}{1{,}005 - 1} = 823{,}78 \text{ DM}$$

Volker muß noch 823,78 DM zahlen.

L 4.6 Aktienwerte

d = 7,- DM und q = 1,1

$$K_0 = \lim_{n\to\infty}\left(d\cdot\frac{q^n-1}{q-1}\cdot q^{-n}\right)$$

$$= \frac{d}{q-1}\cdot\lim_{n\to\infty}\left(\frac{q^n-1}{q^n}\right)$$

$$= \frac{d}{q-1} = \frac{7}{1{,}1-1} = 70{,}\text{- DM}$$

L 4.7 Zerobonds

a) $K_0 = K_n \cdot q^{-n}$

b) $K_0 = K_n \cdot (-n) \cdot q^{-n-1}$

$\varepsilon_{K_0,q} = K_0 \cdot q/K_n$

$= -n \cdot K_n \cdot q^{-n-1} \cdot q / K_0 = -n$

L 4.8 Tilgungsplan

a)

t	K_t	Z_t	T_t	A_t
1	15.000,-	1.950,-	1.802,30	3.752,30
2	13.197,70	1.715,70	2.036,60	3.752,30
3	11.161,10	1.450,94	2.301,36	3.752,30

b) Die Zinselastizität ist beim Zero-Bond größer.

L 4.9 Gustavs Lotteriegewinn

Zu vergleichen sind die Barwerte der beiden Alternativen:

Barwert Alt II: $K_{0II} = 400.000$ DM

a) $K_{0I} = 309.949{,}96$ DM $\Rightarrow$ Alt. II ist vorzuziehen.

b) Es ist der Grenzwert einer geometrischen Reihe zu berechnen. Mit q < 1 ergibt sich :

$$K_{0I} = \frac{8000}{1-\frac{1}{1{,}02}} = 407.999{,}86 \text{ DM}$$

$K_{0I} > K_{02}$ $\Rightarrow$ Alt.I ist vorzuziehen.

L 4.10 Geldanlage

a) $p_{eff} = \left(\sqrt[10]{\frac{100}{50{,}83}} - 1\right) \cdot 100 = 7\ \%$

b) Berechnung des Barwerts der Zahlung mit der Effektivverzinsung des Zero-Bonds

$$K_0 = \frac{100}{1{,}07^{10}} + \frac{8 \cdot \frac{1{,}07^{10} - 1}{1{,}07 - 1}}{1{,}07^{10}} = 107{,}02 \text{ DM}$$

c) Alternative B: Der tatsächliche Ausgabekurs (104 DM) ist niedriger als der in b) errechnete, d.h. die Effektivverzinsung der Anleihe ist höher als die des Zero-Bonds.

L 5 LÖSUNGEN ZU DEN FUNKTIONEN UND DIFFERENTIALRECHNUNG 1

L 5.1 Funktion: f(x) = (4x + 5) / (x - 1)^4

a) $D_f = \{x \mid x \in R\backslash\{1\}\}$

b) Die Funktion hat an der Stelle x = 1 eine gerade Polstelle. Die Funktion f(x) wird für $x \to 0$ größer als jede reelle Zahl. Unsauber formuliert: $\lim\limits_{x \to 1} f(x)$ ="+∞"

c) Nullstelle:

$$f(x_N) = 0 \quad \Rightarrow 4x_N + 5 = 0$$
$$\Rightarrow x_N = -\frac{5}{4}$$

$$f(0) = 5$$

d) $\lim\limits_{x \to \infty} \dfrac{4x+5}{(x-1)^4} = -\lim\limits_{x \to \infty} \dfrac{-4}{4(x-1)^3} = 0$ (Mit der Regel von de l´Hospital)

$\lim\limits_{x \to -\infty} \dfrac{4x+5}{(x-1)^4} = \lim\limits_{x \to -\infty} \dfrac{4}{4(x-1)^3} = 0$ (Mit der Regel von de l´Hospital)

e) $$f'(x) = \frac{4(x-1)^4 - (4x+5)\cdot 4\cdot(x-1)^3}{(x-1)^8} = \frac{-12(x+2)}{(x-1)^5}$$

Nullstelle der ersten Ableitung : $-12(x_e+2) = 0 \qquad \Rightarrow x_e = -2$

$$f''(x) = \frac{-12(x-1)^5 + 12(x+2)\cdot 5(x-1)^4}{(x-1)^{10}} = \frac{12(4x+11)}{(x-1)^6}$$

$f''(-2) = \dfrac{4}{81} > 0 \Rightarrow$ Die Funktion f besitzt an der Stelle x_e=-2 ein lokales Minimum.

$$f(-2) = -\frac{1}{27}$$

Dort nimmt die Funktion auch ihr globales Minimum an, denn an der Polstelle geht die Funktion gegen "+∞ " und für $x \to \pm\infty$ geht f(x) gegen null. Außer an der Polstelle ist die Funktion überall ableitbar und es existiert keine weitere Nullstelle der ersten Ableitung.

f) Die Nullstellen der zweiten Ableitung :

$$x_w = -\frac{11}{4}$$

$$f'''(x) = \frac{48(x-1) - 4(12x+33)\cdot 6}{(x-1)^7} = -\frac{120(2x+7)}{(x-1)^7}, \quad f'''\left(\frac{-11}{4}\right) \approx 0{,}01726$$

Die Funktion f(x) besitzt also an der Stelle $x_w = -\dfrac{11}{4}$ einen Wendepunkt.

g) Die Funktion wechselt am Wendepunkt von Rechts- zu Linkskrümmung, da $f'''(\frac{-11}{4})>0$.

$f(x)$ ist also konkav für $x < \frac{-11}{4}$ und konvex für $x > \frac{-11}{4}$

h) Skizze:

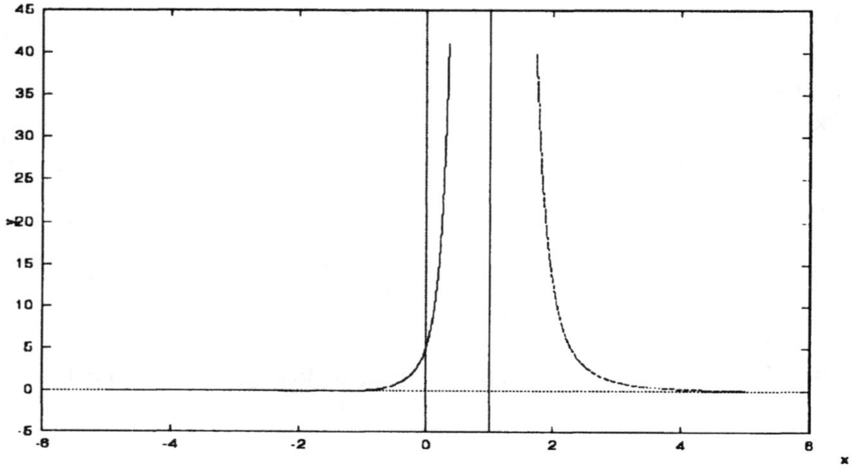

L 5.2 Funktion: $f(x) = x + 3 - \frac{4}{x^2}$

a) Nullstellen:

$$x + 3 - \frac{4}{x^2} = 0 \Leftrightarrow x^3 + 3x^2 - 4 = 0$$

Polynomdivision: $x_{N1} = 1$

$$(x^3 + 3x^2 - 4) : (x - 1) = x^2 + 4x + 4$$
$$\underline{x^3 - x^2}$$
$$4x^2$$
$$\underline{4x^2 - 4x}$$
$$4x - 4$$
$$\underline{4x - 4}$$
$$0$$

$x_{N2} = -2 \pm \sqrt{4 - 4} = -2$

(oder: $(x^3 + 3x^2 - 4) : (x + 2) = x^2 + x - 2$)

$\Rightarrow N_1\ (1/0)$ und $N_2\ (-2/0)$

b) Symmetrie:

$f(x) \neq f(-x) \Rightarrow$ keine Achsensymmetrie

$f(x) \neq -f(-x) \Rightarrow$ keine Punktsymmetrie

c) Extremwerte:

$f'(x) = 1 + 8x^{-3} = 1 + \frac{8}{x^3}$ $\qquad$ $f''(x) = 24x^{-4} = -\frac{24}{x^4}$

$f'(x) = 0 \quad \Rightarrow \quad 1 + \frac{8}{x^3} = 0$

$8 = -x^3$

$x = \sqrt[3]{-8} = -2$

$f''(-2) = -\frac{24}{16} < 0 \quad \Rightarrow$ Max in (-2/0)

d) Wendepunkte:

$f''(x) = 0 \quad \Rightarrow \quad -\frac{24}{x^4} = 0$ Widerspruch $\Rightarrow$ kein WP

$(f'''(x) = 96x^{-5} = \frac{96}{x^5})$

e) Asymptoten:

$\lim_{x \to \infty} f(x) = x + 3$

$\Rightarrow$ Schiefe Asymptote mit $f(x) = x + 3$

f) Polstellen:

$\lim_{x \downarrow 0} f(x) = \lim_{x \uparrow 0} f(x) = -\infty$

$\Rightarrow$ gerade Polstelle für $x = 0$

g) $f''(x) = -24/x^4 < 0$ -> f(x) ist für alle $x \in R\backslash\{0\}$ konkav (rechtsgekrümmt)

h)Skizze:

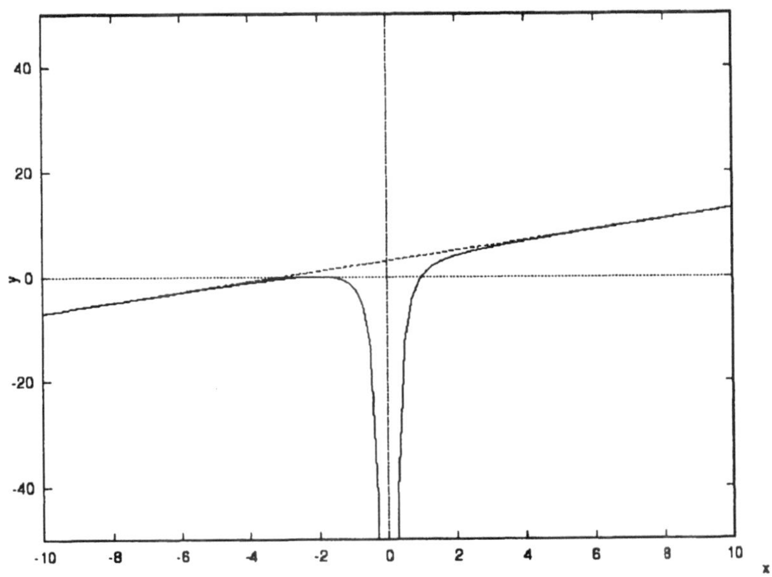

L 5.3 Funktion: $f(x) = 3yx^2 - 12yx + 12x - x^3 = 0$

a) Aus $3yx^2 - 12yx + 12y - x^3 = 0 \quad \Rightarrow y = \frac{1}{3}\frac{x^3}{(x-2)^2}$ (explizite Darstellung)

b) Definitionsbereich $\quad D_f = R\backslash\{2\}$.

c) Symmetrie

$f(x) \neq f(-x) \Rightarrow$ Keine Achsensymmetrie $\qquad f(x) \neq -f(-x) \Rightarrow$ Keine Punktsymmetrie

d) Polstellen

$\lim\limits_{x\ 2} f(x) = \lim\limits_{x\ 2} f(x) =$ "$+\infty$" d.h gerade Polstelle für x=2

e) Asymptoten

$$x^3 \ :\ (3x^2 - 12x + 12) = \frac{x}{3} + \frac{4}{3} + \frac{12x - 16}{3x^2 - 12x + 12}$$

$$-(x^3 - 4x^2 + 4x)$$

$$4x^2 - 4x$$

$$-(4x^2 - 16x + 16)$$

$$12x - 16$$

Die Funktion $f(x) = \frac{x^3}{3(x-2)^2}$ nähert sich asymptotisch der Funktion $f_A(x) = \frac{x}{3} + \frac{4}{3}$ da:

$$\lim_{x\to\pm\infty}(f(x) - f_A(x)) = \lim_{x\to\pm\infty}\left(\frac{x^3}{3(x-2)^2} - \left(\frac{x}{3} + \frac{4}{3}\right)\right) = \lim_{x\to\pm\infty}\left(\frac{12x - 16}{3x^2 - 12x + 12}\right) = 0$$

f) Nullstellen

$$f(x_N) = 0 \quad \Rightarrow \quad \frac{x_N^3}{3(x_N - 2)^2} = 0 \quad \Rightarrow x_N^3 = 0 \quad \Rightarrow \quad x_{N1,2,3} = 0$$

$\Rightarrow N(0,0)$

g) Relative Extremwerte

$$f(x) = \frac{x^3}{3(x-2)^2}$$

$$f'(x) = \frac{1}{3}\frac{3x^2(x-2)^2 - 2(x-2)x^3}{(x-2)^4} = \frac{1}{3}\frac{x^3 - 6x^2}{(x-2)^3}$$

$$f''(x) = \frac{1}{3}\frac{(3x^2 - 12x)(x-2)^3 - 3(x-2)^2(x^3 - 6x^2)}{(x-2)^6} = \frac{8x}{(x-2)^4}$$

$$f'''(x) = \frac{8(x-2)^4 - 4(x-2)^3 8x}{(x-2)^8} = \frac{-8(3x+2)}{(x-2)^5}$$

$f'(x_E) = 0$ notwendige Bedingung

$$\frac{1}{3}\frac{x_E^3 - 6x_E^2}{(x_E - 2)^3} = 0 \quad \Rightarrow x_E^3 - 6x_E^2 = 0$$

$$\Rightarrow x_{E1} = 0 \qquad \Rightarrow x_{E2} = 6$$

Hinreichende Bedingung

$$f''(6) = \frac{8 \cdot 6}{(6-2)^4} = \frac{48}{256} = 0{,}1875 > 0 \quad \text{f hat bei } x_{E1} = 6 \text{ ein lokales Minimum}$$

$$f(6) = \frac{1}{3}\frac{6^3}{(6-2)^2} = \frac{216}{48} = 4{,}5 \quad \text{Minimum ist der Punkt } P_{E1}\ (6;4{,}5)$$

$f''(0) = 0$ Vermutlich Wendepunkt mit waagerechter Tangente (Sattelpunkt)

Noch zu prüfen : $f'''(0)$

h) Wendepunkte

$$f''(x_W) = 0 \quad \Rightarrow \quad \frac{8x_w}{(x_W - 2)^4} = 0 \quad \Rightarrow x_w = 0$$

$$f'''(0) = \frac{-8(3 \cdot 0 + 2)}{(0-2)^5} = \frac{-16}{-32} = \frac{1}{2} \neq 0$$

Da $f'''(0) \neq 0$

liegt an der Stelle $x = 0$ die bereits erwähnte horizontale Wendestelle (Sattelpunkt).
Sattelpunkt ist der Punkt $P_S(0;0)$

i) Krümmung

$$f''(x) = \frac{8x}{(x-2)^4} \quad < 0 \text{ für } x < 0 \Rightarrow \text{konkav = rechtsgekrümmt.}$$

$$f''(x) = \frac{8x}{(x-2)^4} \quad > 0 \text{ für } x > 0 \Rightarrow \text{konvex = linksgekrümmt.}$$

Skizze

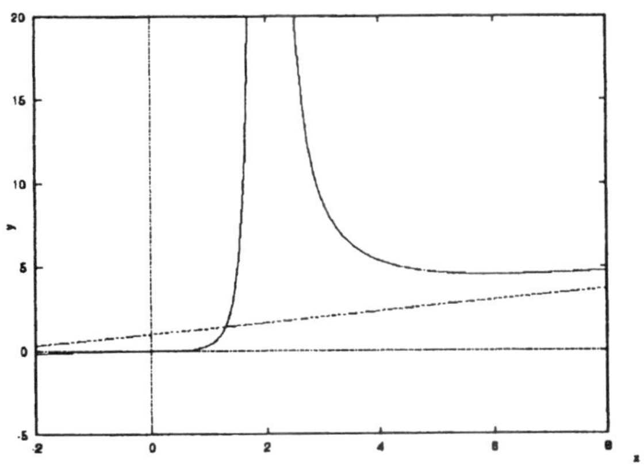

L 5.4 Funktion: $f(x) = \ln(x^2 + 1)$

a) $D(f) = R$; da $(x^2 + 1)$ mit $c \in R^+$ stets positiv für alle x ist

b) $f(-x) = f(x) \rightarrow$ achsensymmetrisch

c) Nullstellen: $f(x) = 0 \Leftrightarrow \ln(x_N^2 + 1) = 0 \Leftrightarrow x_N^2 + 1 = e^0 \Leftrightarrow x_N^2 = 1 - 1 \Rightarrow x_{N1,N2} = 0$

d) $f'(x) = (2x) / (x^2 + 1)$
$f''(x) = (-2x^2 + 2) / (x^2 + 1)^2$
$f'''(x) = (4x^3 - 12x) / (x^2 + 1)^3$
$f'(x) = 0 \Leftrightarrow 2x_E = 0 \Leftrightarrow x_E = 0$
$f''(x) \neq 0 : f''(x_E = 0) > 0$, da $1 \in R^+ \rightarrow$ lokales Minimum

e) $f'(x) > 0$ für $x > 0$ und $f'(x) < 0$ für $x < 0$
f(x) ist über $(-\infty; 0]$ streng monoton fallend
f(x) ist über $[0; \infty)$ streng monoton steigend

f) $f''(x) = 0 \Leftrightarrow -2x_W^2 + 2 = 0 \Leftrightarrow x_W^2 = 1 \Leftrightarrow x_{W1,W2} = \pm 1$
$f'''(x) \neq 0 : f'''(x_{W1,W2} = \pm 1) \neq 0 \rightarrow$ Wendepunkte
$f(\pm 1) = \ln(2)$

g) $f''(x) = (-2x^2 + 2) / (x^2 + 1)^2 > 0$, wenn $-2x^2 + 2 > 0 \Leftrightarrow -2x^2 > -2 \Rightarrow x^2 > 1 \Rightarrow |x| > 1$
Für $|x| > 1$ ist f(x) rechtsgekrümmt, sonst linksgekrümmt, also:
$f''(-2) < 0 \rightarrow$ f(x) ist über $(-\infty; -1]$ rechtsgekrümmt (konkav)
$f''(0) > 0 \rightarrow$ f(x) ist über $[-1; 1]$ linksgekrümmt (konvex)
$f''(+2) < 0 \rightarrow$ f(x) ist über $[+1; \infty)$ rechtsgekrümmt (konkav)

h) Skizze:

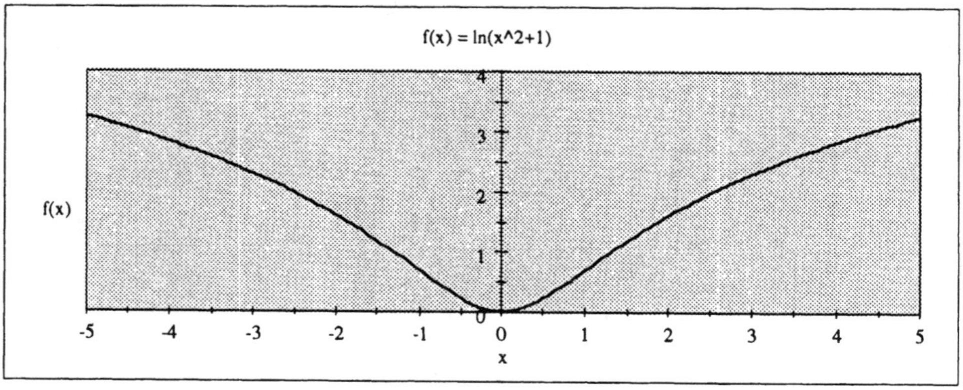

L 5.5 Funktion: $f(x) = (2x^2 + 3x - 2)/(x - 2)$

a) $D(f) = R \setminus \{2\}$
ungerade Polstelle bei $x_p = 2$:

$$\lim_{\Delta x \to x} f(2+\Delta x) = \lim_{\Delta x \to x} \frac{2(2+\Delta x)^2 + 3(2+\Delta x) - 2}{\Delta x}$$
$$= \lim_{\Delta x \to 0} 2\Delta x + 11 + \frac{12}{\Delta x} \to +\infty$$
$$\lim_{\Delta x \to x} f(2-\Delta x) = \lim_{\Delta x \to x} \frac{2(2-\Delta x)^2 + 3(2-\Delta x) - 2}{-\Delta x}$$
$$= \lim_{\Delta x \to 0} 2\Delta x + 11 - \frac{12}{\Delta x} \to -\infty$$

b) Symmetrie

$f(x) \neq f(-x)$

$f(x) \neq -f(-x)$ => Es liegt weder Achsen- noch Punktsymmetrie vor.

c) Nullstellen: $f(x_N) = 0 \quad \Leftrightarrow \quad 2x_N^2 + 3x_N - 2 = 0 \quad \Leftrightarrow \quad x_N^2 + \frac{3}{2}x_N - 1 = 0$

$$\Rightarrow \quad x_{N_{1,2}} = -\frac{3}{4} \pm \sqrt{\frac{9}{16} + 1} = -\frac{3}{4} \pm \frac{5}{4}$$
$$x_{N_1} = \frac{1}{2} \text{ und } x_{N_2} = -2.$$

d) Extrema:

$$f'(x) = \frac{2x^2 - 8x - 4}{(x-2)^2}$$
$$f''(x) = \frac{24}{(x-2)^3}$$
$$f'(x_E) = 0 \quad \Leftrightarrow \quad 2x_E^2 - 8x_E - 4 = 0$$
$$\Leftrightarrow \quad x_E^2 - 4x_E - 2 = 0$$
$$\Rightarrow \quad x_{E_{1,2}} = 2 \pm \sqrt{4+2} = 2 \pm \sqrt{6}$$
$$x_{E_1} = 2 + \sqrt{6} \approx 4{,}45 \text{ und } x_{E_2} = 2 - \sqrt{6} \approx -0{,}45.$$
$$f''(x_{E_1}) = \frac{24}{(2+\sqrt{6}-2)^3} > 0 \quad \Rightarrow \quad \text{lokales Minimum bei } P_{E_1}(4{,}45 / 20{,}80).$$
$$f''(x_{E_2}) = \frac{24}{(2-\sqrt{6}-2)^3} < 0 \quad \Rightarrow \quad \text{lokales Maximum bei } P_{E_2}(-0{,}45 / 1{,}20).$$

e) Wendepunkte:

$f''(x_W) = 0 \quad \Leftrightarrow \quad 24 \neq 0 \Rightarrow$ Widerspruch; es existiert kein Wendepunkt.

f) Krümmung:

$f''(x) < 0 \quad \Leftrightarrow \quad x - 2 < 0 \quad \Rightarrow$ f ist rechtsgekrümmt (konkav) für $x < 2$.

$f''(x) > 0 \quad \Leftrightarrow \quad x - 2 > 0 \quad \Rightarrow$ f ist linkssgekrümmt (konvex) für $x > 2$.

g) Polynomdivision:

$$(2x^2+3x-2)\div(x-2)=(2x+7)+\frac{12}{x-2} \quad \Rightarrow \quad f_A(x)=2x+7 \quad \text{Asymptote}$$

$$\begin{array}{l} -(2x^2-4x) \\ \hline \quad 7x-2 \\ \quad -(7x-14) \\ \hline \quad\quad 12 \end{array}$$

h) Skizze

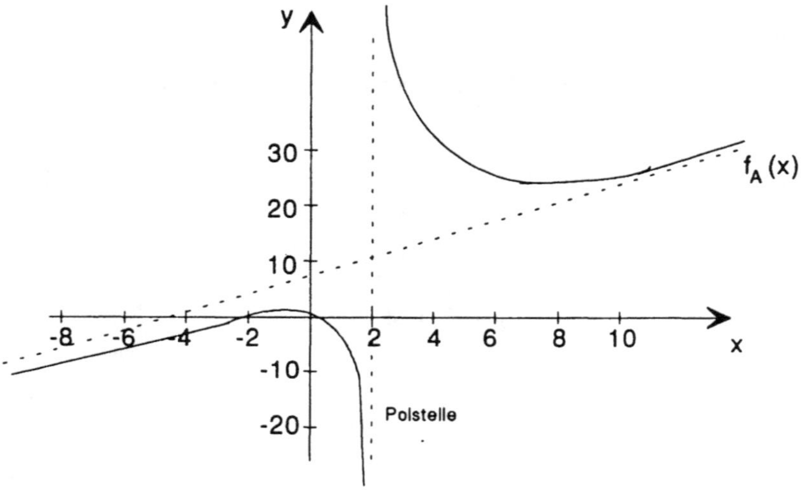

L 5.6 Grenzwerte

a) I. 0,5

II. $\lim\limits_{x\to 0} = \frac{"0"}{0} = \lim\limits_{x\to 0} \frac{2x}{\cos(x)} = \frac{0}{1} = 0$ (l'Hospital)

III. $\lim\limits_{n\to\infty} = \lim\limits_{n\to\infty} \frac{0{,}8^n - 1}{0{,}8-1} = \frac{-1}{0{,}8-1} = 5$

b) $f'(x) = 5e^{5x}$
$f''(x) = 25e^{5x}$

Es treten keine Extrema auf, da die erste Ableitung nie null wird.

L 5.7 Definitionsbereich

a) Die Funktion ist maximal auf $R\backslash\{3\}$ definierbar. Da das Argument des Logarithmus für alle x größer als null ist, müssen keine weiteren Stellen ausgeschlossen werden. Für $x = 3$ kann der Bruch nicht definiert werden.

b) Da sich (x - 3) im Zähler als Linearfaktor ausklammern läßt, liegt an der Stelle $x = 3$ eine behebbare Lücke. Die stetig erweiterte Funktion lautet : $g(x) = (x+2)^2 + \ln(\frac{1}{e^x})$. Es ist auch eine Grenzwertbetrachtung mit de l'Hospital möglich.

c) Betrachte die stetig erweiterte Funktion g(x). Es ergibt sich die erste Ableitung:

$$g'(x) = 2x + 4 + e^{x} \cdot (-e^{-x}) = 2x + 3$$

Die Nullstelle liegt bei x = 1,5 und ist somit im Definitionsbereich von f. Es ist also auch eine mögliche Extremstelle von f. Die zweite Ableitung von g ergibt:

$$g''(x) = 2$$

offensichtlich ist die zweite Ableitung von g überall positiv, also hat f (x = 1,5) ein Minimum.

L 5.8 Funktion: $f(x) = 2x^3 + x^2 - 22x + 24$

Durch Probieren: $x_{n1} = 2$

Polynomdivision:

$$
\begin{array}{l}
(2x^3 + x^2 - 22x + 24) : (x-2) = 2x^2 + 5x - 12 \\
\underline{-(2x^3 - 4x^2)} \\
\quad 5x^2 - 22x \\
\quad \underline{-(5x^2 - 10x)} \\
\qquad -12x + 24 \\
\qquad \underline{-(12x + 24)} \\
\qquad\qquad 0
\end{array}
$$

Um die p,q-Formel anwenden zu können, Division durch 2: $x^2 + 2{,}5x - 6$

p,q-Formel: $x^2 + 2{,}5x - 6 = 0$

$$x_{n2,n3} = -1{,}25 \pm \sqrt{\frac{25}{16} + 6} = -1{,}25 \pm 2{,}75$$

$$x_{n2} = 1{,}5$$

$$x_{n3} = -4$$

Die Nullstellen lauten: $x_{n1} = 2$, $x_{n2} = 1{,}5$ und $x_{n3} = -4$.

L 5.9 Ableitungen

a) $f'(x) = \frac{1}{2}x^{-\frac{1}{2}} \cdot e^{\sin x} + \sqrt{x} \cdot e^{\sin x} \cdot \cos x = \frac{1}{2\sqrt{x}} \cdot e^{\sin x}(1 + 2x \cdot \cos x)$

b) $f'(x) = \dfrac{x^2 \cdot e^{\sqrt{x}} \cdot \frac{1}{2\sqrt{x}} - e^{\sqrt{x}} \cdot 2x}{x^4} = \dfrac{x \cdot e^{\sqrt{x}}(\frac{x}{2\sqrt{x}} - 2)}{x^4} = \dfrac{e^{\sqrt{x}}}{2x^3}(\sqrt{x} - 4)$

c) $f'(x) = 2x \cdot \cos x - x^2 \cdot \sin x = x(2 \cdot \cos x - x \cdot \sin x)$

L 5.10 Funktion: $f(x) = x^3 - 3x^2 - ax + 24$

a) Ansatz: $f(1) = 0$

$1^3 - 3 \cdot 1^2 - a \cdot 1 + 24 = 0 \quad \Rightarrow \quad a = 22$

b) Polynomdivision : $x_{N1} = 1$

$$
\begin{array}{l}
(x^3 - 3x^2 - 22x + 24) : (x - 1) = x^2 - 2x - 24 \\
\underline{-(x^3 - x^2)} \\
\quad -2x^2 - 22x \\
\quad \underline{-(-2x^2 + 2x)} \\
\qquad -24x + 24 \\
\qquad \underline{-(-24x + 24)} \\
\qquad\qquad 0
\end{array}
$$

p,q - Formel zur Ermittlung der weiteren Nullstellen

$x_{N2,3} = 1 \pm \sqrt{1 + 24} = 1 \pm 5$

$x_{N2} = 6 \qquad x_{N3} = -4$

L 5.11 Funktionsverläufe

a) Funktionen sind: 1) 2) 4)

Begründung: Jedem $x \in D(f)$ wird genau ein $y \in W(f)$ zugeordnet (eindeutige Zuordnung).

- oder- Jede beliebige Parallele zur Ordinate (y-Achse) schneidet den Funtktionsgraph nur einmal.

b) Keine Funktion ist injektiv!

Begründung: Jede beliebige Parallele zur Abzisse (x-Achse) schneidet den Funtktionsgraph mindestens einmal.

L 6 LÖSUNGEN ZU DEN WIRTSCHAFTSWISSENSCHAFTLICHEN FUNKTIONEN

L 6.1 x(r) =-20 + 0,1r

a) Produktionsfunktion: $x(r) = -20 + 0{,}1r$

$r(x) = 10x + 200$

$K_{Var}(x) = (10x + 200) \cdot 2 = 20x + 400$

Gesamtkostenfunktion: $K_{Ges}(x) = 20x + 700$

Grenzkostenfunktion: $K'(x) = 20$

b) Es gibt keine kostenminimale Produktionsmenge, da die Grenzkosten konstant 20 GE betragen.

c) Preis-Absatzfunktion: $p(x) = 220 - 4x$

Umsatz: $U(x) = p(x) \cdot x = 220x - 4x^2$

Grenzumsatz: $U'(x) = 220 - 8x$

d) Gewinnfunktion: $G(x) = U(x) - K_{Ges}(x)$

$G'(x) = U'(x) - K'(x) = 220 - 8x - 20$

$G'(x) = 0 \quad \Rightarrow \quad x = 25$

$G(25) = 220 \cdot 25 - 4 \cdot 25^2 - 20 \cdot 25 - 700 = 1800$

Bei gewinnmaximaler Produktionsmenge von 25 ME wird ein Gewinn von 1800 GE realisiert.
Es handelt sich um einen Monopolfall, da kein konstanter Preis vorgegeben ist, sondern die günstigste Preis-Mengen-Kombination gewählt werden kann (Preis-Absatzfunktion).

e) $p(25) = 220 - 4 \cdot 25 = 20$
Bei gewinnmaximaler Ausbringungsmenge werden 20 GE pro ME verlangt.

L 6.2 Kartoffelanbau

a)

$$DE(X) = \frac{X}{r} = \frac{\sqrt{8r+16}-4}{r} = \sqrt{\frac{8r+16}{r^2}} - \frac{4}{r} = \sqrt{\frac{8}{r}+\frac{16}{r^2}} - \frac{4}{r}$$

$$= \sqrt{4(\frac{2}{r}+\frac{4}{r^2})} - \frac{4}{r} = 2\sqrt{(\frac{2}{r}+\frac{4}{r^2})} - \frac{4}{r}\,.$$

$$GE(X) = \frac{dX(r)}{dr} = \frac{1}{2\sqrt{8r+16}} \cdot 8 = \frac{4}{\sqrt{8r+16}}$$

b) Gesamtkosten = variable Kosten + fixe Kosten

$K(X) = K_{var}(X) + K_{fix}(X)$

$= r \cdot q + 10$ DM

mit $q = 2$ DM : Faktorpreis und $r = 0{,}125(X+4)^2 - 2$ (Faktorverbrauchsfunktion).

$K(X) = 2[0{,}125(X+4)^2 - 2] + 10 = 0{,}25X^2 + 2X + 4 - 4 + 10$

$K(X) = 0{,}25X^2 + 2X + 10$ [DM].

DK: Durchschnittlich auf eine produzierte Einheit anfallende Kosten.

$DK(X) = (K(X)/X) = 0{,}25 \cdot X + 2 + 10/X$.

GK: Kosten für die zusätzlich produzierte Einheit (von einer gegebenen Produktionsmenge aus).
$GK(X) = (dK(X)/dX) = 0{,}5 \cdot X + 2$.

c) Gewinn = Umsatz - Kosten
$G(X) = U(X) - K(X)$ Mit: $U(X) = p \cdot x = 10 \cdot x$ folgt:
$G(X) = 10X - (0{,}25X^2 + 2 \cdot X + 10) = -0{,}25X^2 + 8 \cdot X - 10$ [DM].
$G(X) \Rightarrow$ MAX!!

Notwend. Bed.: $\frac{\partial G(X)}{\partial X} = -0{,}5 \cdot X + 8 = 0 \Leftrightarrow \quad X = 16$ ME.

Hinreich. Bed.: $\frac{\partial^2 G(X)}{\partial X^2} = -0{,}5 < 0 \quad \Rightarrow$ Maximum!

d) $G(X = 16) = -0{,}25 \cdot 16^2 + 8 \cdot 16 - 10 = 54$ DM.

L 6.3 Der Erfinder

a) $x(r) = -\sqrt[4]{81} \cdot \sqrt{225} + \frac{1}{5}\sqrt[3]{64r^3} \quad \Leftrightarrow \quad x(r) = -3 \cdot 15 + \frac{1}{5} \cdot 4r = -45 + \frac{4}{5} \cdot r$

$$DE(r) = \frac{x(r)}{r} = \frac{-45 + \frac{4}{5} \cdot r}{r} = -\frac{45}{r} + \frac{4}{5}$$

$$GE(r) = \frac{dx}{dr} = x'(r) = \frac{4}{5}$$

b) $x(r) = -3 \cdot 15 + \frac{4}{5} \cdot r = -45 + 0{,}8 \cdot r$

$x + 45 = 0{,}8 \cdot r \mid : 0{,}8 \quad \Leftrightarrow \quad r = 1{,}25 \cdot x + \frac{225}{4}$

$K(x) = K_v(x) + K_f(x) = r(x) \cdot p + K_f(x) = (1{,}25x + \frac{225}{4}) \cdot 4 + 25$
$= 5x + 225 + 25 = 5x + 250$

c) $U = p \cdot x = (75 - 0{,}25x)\, x = 75x - 0{,}25\, x^2$
$x = 300 - 4p \quad \Leftrightarrow \quad 4p = 300 - x \quad \Leftrightarrow \quad p = 75 - 0{,}25x$

d) $G(x) = U(x) - K(x) = 75x - 0{,}25x^2 - (5x + 250)$
$= 70x - 0{,}25x^2 - 250$
$G'(x) = 70 - 0{,}5x = 0 \quad \Rightarrow \quad x = 140.$
$G''(x) = -0{,}5 < 0 \quad \Rightarrow \quad x = 140$ ist rel. Max.!
$p = 75 - 0{,}25x = 75 - 0{,}25 \cdot 140 = 75 - 35 = 40.$
$G(x) = 70 \cdot 140 - 0{,}25 \cdot 1402 - 250 = 9800 - 4900 - 250 = 4650.$
Der Erfinder sollte 140 Mengeneinheiten seines Produktes zu einem Preis von 40 GE anbieten. Er erhält dann als maximalen Gewinn 4650 GE.

e) $x_N = x_A \quad \Leftrightarrow \quad 300 - 4p = -30 + 7p \quad \Leftrightarrow 330 = 11p \quad \Leftrightarrow \quad p = 30$ (GG-Preis)
$\Rightarrow \quad x = -30 + 7 \cdot 30 = 180$ (GG-Menge)

L 6.4 Der Monopolist

a) $G'(x) = -16{,}8x + 33{,}6 \stackrel{!}{=} 0 \Rightarrow x = 2$

$G''(x) = -16{,}8 < 0 \quad \Rightarrow$ rel. Maximum

$K'(2) = 6{,}8 \cdot 2 + 6{,}4 = 20$

$DK(2) = 3{,}4 \cdot 2 + 6{,}4 + 1{,}5 = 13{,}2 + 1{,}5 = 14{,}7$

b) $G(x) + K(x) = U(x)$

$-8{,}4x^2 + 33{,}6x - 3 + 3{,}4x^2 + 6{,}4x + 3 = -5x^2 + 40x = x(40 - 5x) = x \cdot p(x)$

$\Rightarrow p(x) = 40 - 5x$

c) $-5x = p - 40 \Rightarrow x = 8 - \frac{1}{5}p$

$x' = -\frac{1}{5}$

$p(x_{max}) = 40 - 5 \cdot 2 = 30 \qquad x_{max}=2 \qquad \Rightarrow \qquad p_{max}=30.$

$$\varepsilon_{x,p} = \frac{-\frac{1}{5}p}{8 - \frac{1}{5}p} = \frac{-\frac{1}{5} \cdot 30}{8 - \frac{1}{5} \cdot 30} = -\frac{30}{5} \cdot \frac{5}{10} = -\frac{30}{10} = -3$$

d)

$$\varepsilon_{x,p} = \frac{-\frac{1}{5}p}{8 - \frac{1}{5}p} = -1 \quad \Rightarrow \quad p = -8 \cdot (-\frac{5}{2}) = 20$$

L 6.5 Freetime GmbH

a) $GK(x) = 9$

b) $DK(x) = 9 + \frac{60}{x}$

$DK'(x) = \frac{-60}{x^2} = 0$, Widerspruch. Es gibt kein Minimum der Durchschnittskosten.

c) $U(x) = p(x) \cdot x \quad ; \quad p(x) = 45 - 3x$

$= (45 - 3x) \cdot x \quad = 45x - 3x^2$

$U'(x) = 45 - 6x = 0$

$45 = 6x \qquad \Leftrightarrow \quad x = 7{,}5$

$U''(x) = -6 \Rightarrow$ Maximum

d) $G(x) = U(x) - K(x) = 45x - 3x^2 - 9x - 60$

$= -3x^2 + 36x - 60 > 0$

$-3x^2 + 36x - 60 = 0 \qquad \Leftrightarrow \qquad x^2 - 12x - 20 = 0$

$x_{1/2} = 6 \pm 4 \qquad \Rightarrow x_1 = 10$ und $x_2 = 2$

Der Bereich positiver Gewinne liegt zwischen 2 und 10.

Berechnung des Gewinnmaximums: $G'(x) = -6x + 36 \Rightarrow -6x = -36 \Rightarrow x = 6$

$G''(x) = -6 \Rightarrow$ Maximum

L 6.6 Das Medikament

a) GE = DE = 2

b) Umkehrung der Produktionsfunktionen $\Rightarrow$ Faktorverbrauchsfunktionen: $r = r(X) = ½ X$

c) $K(X) = p \cdot r(X) + K_{fix} = 2 \cdot X + 100$
$K'(X) = 2$ GE

d) Umkehrung der Nachfragefunktion $\Rightarrow$ Preis-Absatz-Funktion: $p = p(X) = -½ X + 20$

e) $U(X) = p(X) * X = (-½ X + 20) \cdot X = -½ X^2 + 20 X$
$U'(X) = -X + 20 = 0 \quad \Leftrightarrow x_{max} = 20$
$U''(X) = -1 < 0 \quad \Rightarrow$ MAX!
$p(X{=}20) = -½ \cdot 20 + 20 = 10$

f) $G(X) = U(X) - K(X) = -½ X^2 + 20 X - (2 X + 100) = -½ X^2 + 18 X - 100$
$G'(X) = -X + 18$
$G'(X) = 0 \Leftrightarrow -X_g + 18 = 0 \Leftrightarrow X_g = 18$
$G''(X) = -1 < 0 \ \forall X \in R \Rightarrow$ Gewinnmaximum bei $X_g = 18$
$G(18) = 62$ GE

g) Es sollte der gewinnmaximale Preis gewählt werden. Dieser beträgt: $p = p(18) = 11$ GE

L 6.7 Eine Kostenfunktion

Nachfragefunktion: $x_{(p)} = -4p + 100 \qquad \Leftrightarrow \qquad p = -\frac{1}{4}x + 25$

a) Kostenfunktion:

$$\frac{1}{4}x^2 = \frac{6}{7}r \quad \Leftrightarrow \quad r_{(x)} = \frac{7}{24}x^2$$

$$K_{var}(x) = p \cdot r(x) = \frac{7}{12}x^2$$

$$K_{ges}(x) = \frac{7}{12}x^2 + 14$$

b) Elastizitätsfunktion:

$$x'_{(p)} = -4$$

$$\varepsilon_{x,p} = \frac{-4p}{-4p + 100} = \frac{p}{p - 25}$$

c) Grenze zwischen elastischem und unelastischem Bereich:

$$\frac{p}{p - 25} = -1 \quad \Leftrightarrow \quad p = 12{,}5 \text{ DM}$$

L 7 Lösungen zu den Elastizitäten

L 7.1 Prohibitivpreis von 68 DM

a) $x_N = a \cdot p + b \quad p = 0 \Leftrightarrow b = 34$

$x_N = 0 \Leftrightarrow 0 = a \cdot 68 + 34 \Leftrightarrow a = -\frac{1}{2}$

also $x_N = -\frac{1}{2}p + 34$

b) $x_N = x_A \quad \Leftrightarrow \quad -\frac{1}{2}p+34 = 2p^2+\frac{23}{2}p+2 \quad \Leftrightarrow \quad 0 = 2p^2+12p-32 \quad \Leftrightarrow$

$0 = p^2+6p-16 \qquad p_{1/2} = -\frac{6}{2} \pm \sqrt{9+16}$

$p_1 = 2\,\frac{DM}{Stück}, \quad p_2 = -8\,\frac{DM}{Stück} \quad p_2$ kommt als Lösung nicht in Frage. $\quad p_G = 2\,\frac{DM}{Stück}$

$x_G = x_N(p_G) = -\frac{1}{2}\,p_G + 34 = -1 + 34 \quad \Rightarrow \quad x_G = 33$ Stück

c) $\frac{dx_N}{dp}\,\frac{p_G}{x_G} = -\frac{1}{2}\cdot\frac{2}{33} = -\frac{1}{33}$

d) $\frac{dx_A}{dp}\,\frac{p_G}{x_G} = (4p_G + \frac{23}{2})\,\frac{p_G}{x_G} = (8+\frac{23}{2})\,\frac{2}{33} = \frac{39}{33} = \frac{13}{11}$

e) $\frac{dX_N}{dp}\cdot\frac{p_0}{x_N(p_0)} = -\frac{1}{2}\cdot\frac{p_0}{-\frac{1}{2}p_0+34} = \frac{p_0}{p_0-68} = -1$

$\Leftrightarrow \quad p_0 = -p_0+68 \qquad \Leftrightarrow \quad p_0 = 34\,\frac{DM}{Stück}$

$x_N(p_0) = x_{N_0} = -\frac{1}{2}p_0+34 =$ **17 Stück**

Die Grenze zwischen elastischem und unelastischem Bereich der Nachfrage liegt in $(p_o;x_{No}) = (34\,\frac{DM}{Stück};\ 17$ Stück).

L 7.2 Olympia 2000

a) $p = \sqrt{\frac{1500}{x-10}} + 15 \Leftrightarrow x_N(p) = \frac{1500}{(p-15)^2} + 10$

$\frac{dx_N}{dp} = -2\,\frac{1500}{(p-15)^3}$

$\varepsilon_{x_n,p} = \frac{dx_N}{dp}\cdot\frac{p}{x_N} = -\frac{3000}{(p-15)^3}\cdot\frac{p}{\frac{1500}{(p-15)^2}+10} = \frac{-3000p}{1500(p-15)+10(p-15)^3}$

b) $x_N(20) = \dfrac{1500}{(20-15)^2} + 10 = 70$

d.h. es werden 70.000 Karten verkauft. Das Stadion ist ausverkauft !

c) $\varepsilon_{x_n,p}(20) = \dfrac{-3000\cdot 20}{1500\cdot 5 + 10\cdot 5^3} = -6{,}857$

Interpretation: Wird der Preis um 1% erhöht, verringert sich die Nachfrage um etwa 6,8%

d) Umsatz: $U = x\,p = 70.000 \cdot 20$ DM = 1.400.000 DM

Nein, dieser Umsatz kann nicht mehr gesteigert werden, da bei einer Erhöhung des Preises die Nachfragemenge stärker sinkt als der Preis steigt.

e) $x_N(p) = \dfrac{500-p}{15}$

Umsatz: $U(p) = x_N(p)\cdot p = \dfrac{500-p}{15}\cdot p = \dfrac{500p-p^2}{15}$

$U'(p) = \dfrac{500-2p}{15} = 0 \quad \Rightarrow 2\,p = 500 \;\Leftrightarrow\; p = 250$ DM

$U''(p) = -\dfrac{2}{15} < 0 \quad \Rightarrow$ Maximum !

$U_{max} = 30.000 \cdot 250$ DM = 7.500.000 DM

L 7.3 Ninja Turtles

a) $x(p) = \dfrac{-30p+450}{p+25} \geq 0 \quad \Rightarrow -30p+450 \geq 0 \Rightarrow p \leq 0 \Rightarrow 0 \leq p \leq 15.$

b) $x(5) = 10$

c)

$$x'(p) = \frac{-30(p+25)-(-30p+450)\cdot 1}{(p+25)^2} = \frac{-1200}{(p+25)^2}$$

$$\varepsilon_{x,p} = \frac{-1200p\cdot(p+25)}{(p+25)^2\cdot(-30p+450)} = \frac{-1200p}{(p+25)(-30p+450)}$$

$$\varepsilon_{x,p} = -\frac{2}{3} \;\; ; \text{ für } p = 5.$$

Der Umsatz würde steigen.

d) $\varepsilon_{x,p} = \dfrac{-1200p}{(p+25)(-30p+450)} \overset{!}{=} -1$

$\Leftrightarrow \quad (p+25)(-30p+450) = 1200p \quad \Leftrightarrow \quad -30p^2 - 300p+11250 = 1200p$

$\Leftrightarrow \quad -30p^2 - 1500p+11250 = 0 \quad \Leftrightarrow \quad p^2+50p - 375 = 0$

$\Rightarrow p_{1,2} = -25 \pm \sqrt{625+375} = -25 \pm \sqrt{1000} = -25 \pm 31{,}62 \quad \Rightarrow p = 6{,}62.$

L 7.4 Dauerlutscher

a) $\ln\left(\frac{x}{2p}\right) = -2p$

$\frac{x}{2p} = e^{-2p}$

$x \quad = 2p \cdot e^{-2p}$

$x' \quad = 2e^{-2p} + 2p \cdot e^{-2p} \cdot (-2) = 2e^{-2p} - 4p \cdot e^{-2p} = 2e^{-2p} \cdot (1 - 2p)$

$$\varepsilon_{x,p} = \frac{x' \cdot p}{x} = \frac{2e^{-2p} \cdot (1 - 2p) \cdot p}{2p \cdot e^{-2p}} = 1 - 2p$$

b) $p = 5 \Rightarrow \varepsilon_{x,p} = 1 - 10 = -9$

c) Sinkt der Preis um 1% (0,05 DM), dann steigt die Nachfrage um 9%.

d) $\varepsilon_{x,p} = 1 - 2p = -1 \Rightarrow p = 1,\text{- DM}$

e) $x = 2p^{-2p} \Rightarrow \varepsilon_{x,p} = \frac{-4p^{-3} \cdot p}{2p^{-2}} = -2$

Die Nachfragefunktion besitzt eine konstante Preiselastizität und damit keine Grenze zwischen elastischen und unelastischen Bereich.

L 7.5 Vorstandsassistent

a) $x \cdot p^2 = 500.000 - 50\,p^2 \Leftrightarrow x = x(p) = (\frac{500.000}{p^2}) - 50\ ;\ p > 0$

b) $x = 0 \Leftrightarrow 0 = (\frac{500.000}{p^2}) - 50 \Leftrightarrow 50\,p^2 = 500.000 \Leftrightarrow p_{1,2} = \pm\,100$

Da p = - 100 < 0 nicht ökonomisch interpretierbar, folgt p = 100 also 100.000,- DM als Prohibitivpreis.

c) $$\varepsilon_{x,p} = x' \cdot \frac{p}{x} = -\frac{\frac{1.000.000}{p^3}p}{\frac{500.000}{p^2} - 50} = \frac{-1.000.000}{50.000 - 50p^2} = e(p)$$

d) $$e(50) = \frac{-1.000.000}{500.000 - 50 \cdot 50^2} = -2{,}67$$

Wird ausgehend von 50.000,- DM der Preis um 1% erhöht, so sinkt die Nachfrage nach dem Modell um etwa 2,67%. → preiselastische Reaktion

e) Ausgangssituation: p = 50 → x(50) = 150
nach Preiserhöhung: p = 55 → x(55) = 115 (abgerundet auf 1 ganzes Auto)

$$\varepsilon_{x,p} = \frac{\Delta x/x}{\Delta p/p} = \frac{-35/150}{5/50} = \frac{-0{,}23}{0{,}1} = -2{,}3$$

Steigt der Preis für das Modell von 50.000 DM um 10%, so geht die Nachfrage um 2,3% zurück. In Abgrenzung zu 4) kann hier keine Schlußfolgerung über die Auswirkungen einer Preiserhöhung um 1% gezogen werden.

f) $e(p) = -1 \quad \Leftrightarrow -1.000.000 = -500.000 + 50\,p^2$

$\Leftrightarrow -500.000 = 50\,p^2 \Leftrightarrow -10.000 = p^2 \rightarrow$ in R keine Lösung

Es gibt keine Grenze zwischen elastischem und unelastischem Bereich. Die Funktion ist überall preiselastisch, folgt aus d).Der Weitsichtige erkennt aber auch sehr schnell, daß die Funktionswerte von e(p) zwischen -2 für $p \rightarrow 0$ und "$-\infty$" für $p \rightarrow 100$ schwanken, somit immer eine elastische Reaktion vorliegt. p > 100 ist ökonomisch nicht interpretierbar negative Mengen !)

L 7.6 Ohne Titel I

a) $x(1) = e^3 = 20{,}09 \quad ; \quad x(1{,}5) = 202{,}54$

$$\bar{\varepsilon}_{x,p} = \frac{\Delta x / x}{\Delta p / p} = \frac{182{,}45/20}{0{,}5/1} = \frac{9{,}12}{0{,}5} = \frac{912\%}{50\%} = 18{,}24.$$

Interpretation: Bei einer Preiserhöhung um 50% ausgehend von 1GE erhöht sich das Angebot um 912%. (Der Wert 18,24 ist nicht interpretierbar!!)

b) $\frac{dx}{dp} = 2pe^{3p} + 3p^2e^{3p} = pe^{3p}\cdot(2+3p)$

$$\varepsilon_{x,p} = \frac{dx}{dp}\frac{p}{x} = \frac{p^2e^{3p}\,(2+3p)}{p^2e^{3p}} = 2 + 3p$$

c) $\varepsilon_{x,p}\,(p=1) = 5$

Bei einer Preiserhöhung um ein Prozent steigt die Angebotsmenge um etwa 5 Prozent. Der Betrag der Elastizität ist größer als eins, wir befinden uns im elastischen Bereich.

d) $\varepsilon_{x,p} = 2 + 3p = 1 \quad \Rightarrow p = -\frac{1}{3}$

Die Elastizitätsfunktion nimmt bei einem Preis von - 0,66 GE den Wert eins an. Dieser Preis liegt allerdings außerhalb des Definitionsbereichs der Angebotsfunktion. Es existiert also keine "gültige" Grenze.

L 8 LÖSUNGEN ZUR DIFFERENTIALRECHNUNG 2

L 8.1 Lieferwagen

a) Nebenbedingung: $x + y - 30 = 0 \Rightarrow y = 30 - x$

b) I. Zielfunktion: $P(x,y) = \frac{3}{2}x^2 + y^2 + 25x - 30y + 20$

Nebenbedingung einsetzen:

$P(x) = \frac{3}{2}x^2(30-x)^2 + 25x - 30(30-x) + 20 = \frac{5}{2}x^2 - 5x + 20$

$P'(x) = 5x - 5$, Nullstelle der ersten Ableitung : $x_n = 1$

$P''(x) = 5 > 0$,das bedeutet, die 2. Preisalternative wird beim Kauf von einem Liewa und 29 Transpos minimal.

II. Lagrangefunktion : $v(x,y,\lambda) = \frac{3}{2}x^2 + y^2 + 25x - 30y + 20 + \lambda(x + y - 30)$

$$\frac{\partial v}{\partial \lambda} = x + y - 30$$

$$\frac{\partial v}{\partial x} = 3x + 25 + \lambda$$

$$\frac{\partial v}{\partial y} = 2y - 30 + \lambda$$

Gleichungssystem für mögliches Minimum:

$x_m + y_m - 30 = 0$

$3x_m + 25 + \lambda = 0$

$2y_m - 30 + \lambda = 0$

Daraus folgt: $x_m = \frac{-25-\lambda}{3}$; $y_m = \frac{30-\lambda}{2}$

$\Rightarrow \frac{-25-\lambda}{3} + \frac{30-\lambda}{2} - 30 = 0 \qquad \Rightarrow \lambda = -28 \quad x_m = 1 \quad y_m = 29$

Variiert man die Lieferwagenkombination um 1, so erhält man in beide Richtungen jeweils einen Preis von 2 Mio DM: P(0,30) = 20 und P(2,28) = 20

c) P(1;29) = 1,75 , das entspricht einem Preis von 1,75 Mio DM.
Der Preis bei der ersten Preisalternative beträgt 1,5 Mio DM, ist also günstiger.

L 8.2 Diamantbohrer und Turbinenschaufeln

a) Nebenbedingung: $4500 = x_1 + 2x_2$

b) $L(x_1, x_2, \lambda) = (4000 - x_1)^2 + (2750 - x_2)^2 + \lambda(x_1 + 2x_2 - 4500)$

(1) $\frac{\partial L}{\partial x_1} = 2(4000 - x_1)(-1) + \lambda = 0$

(2) $\frac{\partial L}{\partial x_2} = 2(2750 - x_2)(-1) + 2\lambda = 0$

(3) $\frac{\partial L}{\partial \lambda} = x_1 + 2x_2 - 4500 = 0$

(1) → (1') $x_1 = 4000 - 0{,}5\,\lambda$
(2) → (2') $x_2 = 2750 - \lambda$
(1'), (2') in (3) einsetzen : $4000 - 0{,}5\,\lambda + 2\,(2750 - \lambda) - 4500 = 0 \quad \Rightarrow \lambda = 2000$
λ in (1') : $x_1 = 3000$
λ in (2'): $x_2 = 750$

c) x_1 und x_2 in Lagerkostengleichung einsetzen: $K_L = (4000 - x_1)^2 + (2750 - x_2)^2$
$K_L = (4000 - 3000)^2 + (2750 - 750)^2 = 1000^2 + 2000^2 = 5.000.000$
Die Lagerkosten betragen 5 Mio. DM !

d) $K_L(x_1, x_2)$ unter Beachtung der Nebenbedingung $4500 = x_1 + 2\,x_2$:
1. wähle $x_1 = 3002$, $x_2 = 749 \Rightarrow K_L(x_1, x_2) = 5.000.005$
2. wähle $x_1 = 2998$, $x_2 = 751 \Rightarrow K_L(x_1, x_2) = 5.000.005$
Es scheint sich um ein Minimum zu handeln.

L 8.3 Ohne Titel II

a) Gewinn = Umsatz - Kosten
$G(x,p) = U(x,p) - K(x)$
$U(x,p) = x \cdot p \quad ; \quad K(x) = 0{,}25x^2 - 10x + 250$
$\Rightarrow G(x,p) = x\,p - 0{,}25x^2 + 10x - 250$

b) I. Substitutionsmethode
Zielfunktion $z = G(x,p) = x \cdot p - 0{,}25x^2 + 10x - 250 \quad \rightarrow \max$
Nebenbedingung $U(x,p) = x \cdot p = 800 \quad \Rightarrow p = 800/x$
Einsetzen in Zielfunktion: $z = G(x) = -0{,}25x^2 + 10x + 550$
Extremwertbestimmung : $G'(x) = 0 = -0{,}5x + 10 \quad \Rightarrow x_E = 20$
Überprüfung Maximum : $G''(x) = -0{,}5 < 0 \quad \Rightarrow$ Maximum
Aus $p = 800/x \Rightarrow p_E = 40$
Der Preis muß 40 DM betragen und es müssen 20 Stück gefertigt werden .
Damit beträgt der Gewinn : 650 DM

II. Lagrange-Methode
Zielfunktion $z = G(x,p) = x \cdot p - 0{,}25x^2 + 10x - 250 \quad \rightarrow \max$
Nebenbedingung $U(x,p) = x \cdot p = 800 \quad \Rightarrow x \cdot p - 800 = 0$
Lagrange Funktion : $L(x,p,\lambda) = x \cdot p - 0{,}25x^2 + 10x - 250 + \lambda\,(x\,p - 800)$
Partielle Ableitungen bilden und Nullsetzen:
$L'_x = p - 0{,}5x + 10 + \lambda p = 0$ (1)
$L'_p = x + \lambda x = 0 \Rightarrow \lambda = -1$ (2)
$L'_\lambda = x\,p - 800 = 0 \Rightarrow p = 800/x$ (3)
(2) und (3) in (1) : $(800/x) - 0{,}5x + 10 + (-1)(800/x) = 0 \Rightarrow x_E = 20 \Rightarrow p_E = 40$
Maximum? → Umgebungspunkte untersuchen !
$G(20;40) = 650 \quad G(21;38{,}095) = 649{,}75 \quad G(19;42{,}105) = 649{,}75$
Die ermittelte Lösung scheint tatsächlich ein Gewinnmaximum darzustellen!

c) Der Punktelieferant für Leute mit Durchblick: An Preis und Menge ändert sich nichts!

L 8.4 Joggingschuhe

a)

I. $\frac{\partial a}{\partial s} = -5(s-4) - 4 + 2w = -5s + 16 + 2w \stackrel{!}{=} 0$

II. $\frac{\partial a}{\partial w} = -4w + 2s \stackrel{!}{=} 0$

aus I folgt: $s = 2w$

I in II: $-10w - 16 + 2w = 0 \Leftrightarrow \underline{w = 2} \Rightarrow \underline{s = 4}$

b)

$\frac{\partial^2 a}{\partial s^2} = -5\,;\quad \frac{\partial^2 a}{\partial w^2} = -4\,;\quad \frac{\partial^2 a}{\partial w \partial s} = 2$

$(-5)(-4) > 2^2 \quad \rightarrow$ Es liegt ein Extremwert vor!!

$\frac{\partial^2 a}{\partial s^2} = -5 < 0 \quad \rightarrow$ Es handelt sich um ein Maximum!!

c) Mit s = 4 und w = 2 folgt durch Einsetzen für a = 42 (Millionen Turnschuhe).

d) Nebenbedingung: $s + w = 4{,}7$

e) $a = f(w,s,\lambda) = -2{,}5(s-4)^2 - 2w^2 - 4s + 2sw + 50 + \lambda(s + w - 4{,}7)$

I. $\frac{\partial a}{\partial s} = -5(s-4) - 4 + 2w + \lambda = -5s + 16 + 2w + \lambda \stackrel{!}{=} 0$

II. $\frac{\partial a}{\partial w} = -4w + 2s + \lambda \stackrel{!}{=} 0$

III. $\frac{\partial a}{\partial \lambda} = s + w - 4{,}7 \stackrel{!}{=} 0 \Leftrightarrow s = 4{,}7 - w$

IIa = I – II: $-7s + 16 + 6w = 0$

III in IIa: $-7(4{,}7 - w) + 26 + 6w = 0 \Leftrightarrow 13w = 16{,}9$

$\underline{w = 1{,}3} \Rightarrow \underline{s = 3{,}4}$

f) Mit s = 3,4 und w = 1,3 folgt durch Einsetzen für a = 40,96 (Millionen Turnschuhe).

L 8.5 Klausurerfolg

a) $p(0,20) = \frac{1}{2} \cdot 0 \cdot 20 + 2 \cdot 20 = 40\ \%$

Ohne Schlaf erreicht er gerade 40 %. Durchgefallen !

b) I. Substitutionsmethode

Zielfunktion: $p(x,y) = \frac{1}{2}xy + 2y$ Nebenbedingung: $x + y = 20 \Rightarrow x = 20 - y$

substituierte Zielfunktion: $p(y) = \frac{1}{2}(20 - y)y + 2y = 12y - \frac{1}{2}y^2$

$p'(y) = 12 - y \stackrel{!}{=} 0 \Rightarrow y_{opt} = 12$

$p''(y) = -1 < 0 \Rightarrow$ Maximum

Maximum bei y = 12 und x = 8 , p(8,12) = 72

Der mathematisch begabte Student schläft und entspannt acht Stunden und bereitet sich die restlichen 12 Stunden vor. Er besteht die Klausur locker mit 72 %.

II. Lagrange-Methode

$p(x,y,\lambda) = \frac{1}{2}xy + 2y + \lambda(x+y-20)$

(1) $p'_x = \frac{1}{2}y + \lambda \stackrel{!}{=} 0 \Rightarrow \lambda = -\frac{1}{2}y$

(2) $p'_y = \frac{1}{2}x + 2 + \lambda \stackrel{!}{=} 0 \Rightarrow \lambda = -\frac{1}{2}x - 2$

(3) $p'_\lambda = x + y - 20 \stackrel{!}{=} 0 \Rightarrow y = 20 - x$

aus (1) und (2) folgt:

(4) $-\frac{1}{2}y = -\frac{1}{2}x - 2 \Rightarrow y = x + 4$

aus (3) und (4) folgt:

$x + 4 = 20 - x \quad \Rightarrow x = 8 \qquad \Rightarrow y = 12$

L 8.6 Zwei-Komponenten-Kunststoff

a) Die Aufzunehmende Kreditsumme wird durch folgende Funktion beschrieben:

$k(x,y) = 128x + 96y - 72$

b) Vereinfachung der Nebenbedingung:

$$3\sqrt{xy+24} = 42 \Rightarrow x \cdot y = 6^3 - 24 = 192 \Rightarrow x = \frac{192}{y}$$

Einsetzen ergibt:

$$k(y) = \frac{128 \cdot 192}{y} + 96y - 72$$

$$k'(y) = -128 \cdot 192y^{-2} + 96$$

Mögliche Extremstellen liegen an Nullstellen der ersten Ableitung:

$$k'(y) = 0 \Rightarrow y^2 = 256 \Rightarrow y_{1/2} = \pm 16$$

Inhaltlich sind für y nur nichtnegative Werte sinnvoll. Aus y=16 ergibt sich x=12. Überprüfen, ob es sich um ein Minimum handelt mit Hilfe der zweiten Ableitung:

$$k''(y) = 2 \cdot 256 \cdot 192 \cdot y^{-3}$$

für alle positiven y ist auch k´´(x) positiv. Bei x = 12 und y = 16 liegt also ein Minimum.

c) Zielfunktion: $k(x,y)=128x+96y-72$ vereinfachte Nebenbedingung: $x \cdot y=192$

Daraus ergibt sich die modifizierte Lagrangefunktion:

$$k(x,y,\lambda) = 128x + 96y - 72 + \lambda(xy - 192)$$

Es ergeben sich folgende partielle Ableitungen:

$$\frac{\partial k}{\partial x} = 128 + \lambda y = 0 \Rightarrow y = -\frac{128}{\lambda}$$

$$\frac{\partial k}{\partial y} = 96 + \lambda x = 0 \Rightarrow x = -\frac{96}{\lambda}$$

$$\frac{\partial k}{\partial \lambda} = xy - 192 \quad \Rightarrow \frac{96 \cdot 128}{\lambda^2} = 192 \Rightarrow \lambda^2 = 64 \Rightarrow \lambda = \pm 8$$

Da x und y nichtnegativ sein müssen, ist nur $\lambda = -8$ inhaltlich sinnvoll. Damit ergibt sich: y = 16 und x = 12.
Als Kreditsumme an dieser Stelle ergibt sich für b) und c) jeweils:
$128 \cdot 12 + 96 \cdot 16 - 72 = 3000$. Es müssen 3000 Geldeinheiten geliehen werden.

Umgebungspunkte:
y = 15x = 192/15 k = 3006,4
y = 17x = 192/17 k = 3005,6471
Es handelt sich also um ein Minimum.

L 8.7 Segel- und Motorjachten

a) Notwendige Bedingung für Extremwerte:

$f_x' = 1 + 0{,}5y - 2(x + y - 10) = 0$

$f_y' = -2{,}5 + 0{,}5x - 2(x + y - 10) = 0$

Lösen z.B. durch Umstellen der ersten Gleichung nach 'y' und Einsetzen in die zweite Gleichung, oder Subtraktion der beiden Gleichungen und Auflösen des Ergebnisses nach 'x' oder 'y'; danach Einsetzen in bel. Gleichung (schneller und eleganter)!

Lösung des LGS: $y_E = 2$ Segeljachten $x_E = 9$ Motorjachten

b) Hinreichende Bedingung für lokales Maximum:

$f_{xx}''(x_E, y_E) \cdot f_{yy}''(x_E, y_E) > [f_{xy}''(x_E, y_E)]^2 \quad \wedge \quad f_{xx}''(x_E, y_E) < 0.$

$f_{xx}'' = -2 \quad f_{yy}'' = -2 \quad f_{xy}'' = 0{,}5 - 2 = -1{,}5$

$f_{xx}'' \cdot f_{yy}'' = 4 > (f_{xy}'')^2 = 2{,}25 \quad \wedge \quad f_{xx}'' = -2 < 0 \quad \rightarrow$ MAXIMUM!

c) Der maximale Gewinn ergibt sich durch Einsetzen von $y_E = 2$ und $x_E = 9$ in G(x,y):

$G(x_E{=}9\,,\ y_E{=}2) = 30$ GE.

d) Die lineare Nebenbedingung lautet: $x + y = 20 \quad \Leftrightarrow \quad x + y - 20 = 0$

e) Es ergibt sich folgende Lagrangefunktion:

$L(x,y,\lambda) = x - 2{,}5y + 0{,}5xy - (x + y - 10)^2 + 18 + \lambda(x + y - 20)$

I. $L_x' = 1 + 0{,}5y - 2(x + y - 10) + \lambda = 0$

II. $L_y' = -2{,}5 + 0{,}5x - 2(x + y - 10) + \lambda = 0$

III. $L_\lambda' = x + y - 20 = 0$

I - II und Einsetzen von x = 20 - y ergibt: y = 6,5 Segeljachten und Einsetzen in III ergibt: x = 13,5 Motorjachten.

Fazit:Diese mathematisch ermittelte Lösung ist nicht sinnvoll, da zusätzlich die Ganzzahligkeit gefordert ist!

L 9 LÖSUNGEN ZUR INTEGRALRECHNUNG

L 9.1 Integrale 1

a) Partielle Integration:

$$\int x \ln x \, dx = \frac{x^2}{2} \ln x - \int \frac{1}{2x} x^2 \, dx = \frac{x^2}{2} \ln x - \int \frac{x}{2} \, dx = \frac{x^2}{2} \ln x - \frac{x^2}{4} + C.$$

b) Substitution:

$t := \sin x$

$$\frac{dt}{dx} = \cos x \Rightarrow dx = \frac{dt}{\cos x}$$

$$\int \cos x \, e^{\sin x} \, dx = \int \cos x \, e^t \frac{dt}{\cos x} = \int e^t \, dt = e^t$$

$$\int \cos x \, e^{\sin x} \, dx = e^{\sin x} + C.$$

c) $$\int \frac{1 - 2x}{(1 - 2x)^2} = \int \frac{1}{1 - 2x} \, dx = -\frac{1}{2} \ln |1 - 2x| + C.$$

L 9.2 Flächenberechnung

$f(x) = x^2 + 5;$ $\qquad$ $g(x) = 4x + 5$

Berechnung der Schnittpunkte:

$x^2 + 5 = 4x + 5$

$x^2 - 4x = 0 \quad \Leftrightarrow \quad x(x - 4) = 0 \Rightarrow x_1 = 0$ und $x_2 = 4$

Berechnung der Fläche:

$$\int_0^4 [(4x + 5) - (x^2 + 5)] dx = \int_0^4 (4x - x^2) \, dx = 2x^2 - \frac{1}{3} x^3 \Big|_0^4 = \frac{32}{3}$$

Graph:

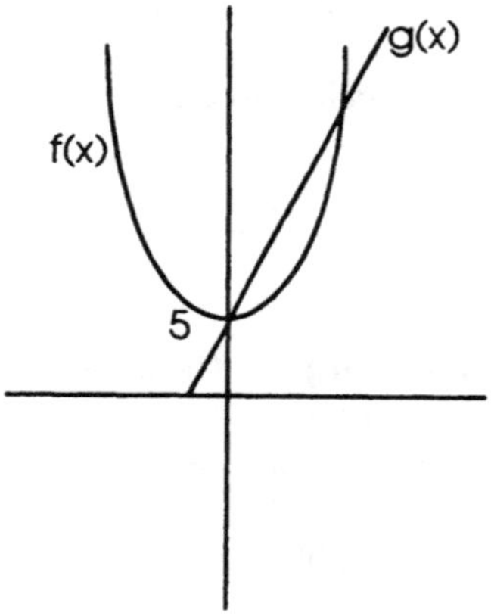

L 9.3 Integrale 2

a) $f(x)= a\cdot(4+2x)^{-2}$

Substitution: $z=g(x)=4+2x$

Ableitung: $z`=g`(x)=dz/dx = 2 \quad \Rightarrow \quad dx=dz/2$

Einsetzen: $\int a\cdot(4+2x)^{-2}\,dx = \frac{a}{2}\cdot\int z^{-2}\,dz$

$= -0{,}5\cdot a\cdot z^{-1} + c$

Resubstitution: $= -0{,}5\cdot a\cdot(4+2x)^{-1} + c$

b) $\int_0^2 a\cdot(4+2x)^{-2}\,dx = 1$

$\Rightarrow -0{,}5\cdot a\cdot(4+2x)^{-1}\Big|_0^2 = 1 \quad \Rightarrow \quad -0{,}5\cdot a\cdot(4+2\cdot 2)^{-1} - (-0{,}5\cdot a\cdot(4+2\cdot 0)^{-1} = 1$

$\Rightarrow -0{,}5\cdot a\cdot 1/8 + 0{,}5\cdot a\cdot 1/4 = 1 \Rightarrow -0{,}5\cdot a\cdot 1/8 + a\cdot 1/8 = 1 \Rightarrow 0{,}5\cdot a = 8 \quad \Rightarrow \quad a = 16$

L 10 Lösungen zu Differentialgleichungen

L 10.1 Grenzsteuerfunktion und Radioaktivität

a)I. $s(x) = \int s'(x)dx$

für $0 \le x \le 100000$: $s_1(x) = \int \frac{1}{200000} x\,dx = \frac{x^2}{400000} + C$ $\quad s_1(0) = 0 \Rightarrow C = 0$

für $x \ge 100000$: $s_2(x) = \int 0{,}5\,dx = 0{,}5\,x + C$

$s_2(100000) = s_1(100000)$ Bedingung für und wegen Stetigkeit !

$0{,}5 \cdot 100000 + C = 100000^2/400000 \quad \Rightarrow \quad C = -25000$

$$s(x) = \begin{cases} x^2/400000 & \text{für } 0 < x \le 100000 \\ 0{,}5x - 25000 & \text{für } x \ge 100000 \end{cases}$$

II. $s'(25000) = 0{,}125$ und $s(25000) = 1562{,}5$

Interpretation: Bei einem Jahreseinkommen von 25000 GE muß man 1562,5 GE Steuern zahlen. Von der nächsten zusätzlich verdienten GE sind 12,5% als Steuern abzuführen.

b) I. DGL 1.Ordnung, 1.Grad, homogen

II. $\frac{dN}{dt} = -\alpha N \quad \Rightarrow \quad \int\frac{dN}{N} = -\alpha\int dt \quad \Rightarrow \quad \ln N = -\alpha t \quad \Rightarrow N = e^{-\alpha t + c} \quad \Rightarrow \quad N = A e^{-\alpha t}$

$N(0) = N_0 \quad \Rightarrow \quad N_0 = A e^0 = A \quad \Rightarrow \quad N(t) = N_0 e^{-\alpha t} = N_0 e^{-0{,}000462t}$

III.
$$\begin{aligned} N(\tau) &= \tfrac{1}{2} N_0 \\ \tfrac{1}{2} N_0 &= N_0\, e^{-0{,}000462\tau} \\ 0{,}5 &= e^{-0{,}000462\tau} \\ \ln 0{,}5 &= -0{,}000462\tau \\ \tau &= \frac{\ln 0{,}5}{-0{,}000462} = 1500{,}3 \end{aligned}$$

L 10.2 Bruttosozialprodukt

a)

$$\frac{dY}{dt} - \frac{3}{2t} Y = -10\,t^{-0{,}5}$$

1. Lösung der homogenen Differentialgleichung

$$\frac{dY_{ho}}{dt} - \frac{3}{2t} Y_{ho} = 0$$

$$\frac{dY_{ho}}{dt} = \frac{3}{2t} Y_{ho} \Rightarrow \int \frac{dY_{ho}}{Y_{ho}} = \int \frac{3}{2t}\,dt \Rightarrow \ln Y_{ho} = 1{,}5 \ln t + C \Rightarrow Y_{ho} = A \cdot t^{1{,}5}$$

2. Variation der Konstanten

$Y_S = A(t)t^{1{,}5} \qquad Y'_S = A'(t)\cdot t^{1{,}5} + 1{,}5A(t)\cdot t^{0{,}5}$

eingesetzt in die Ausgangsdifferentialgleichung:

$A'(t)\cdot t^{1{,}5} + 1{,}5A(t)t^{0{,}5} - 1{,}5\cdot t^{-1}A(t)t^{1{,}5} = -10\,t^{-0{,}5}$

$A(t) = \int A'(t)\,dt = \int -10t^{-2}\,dt = 10\,t^{-1}\ (+ C)$

$Y_S = 10\,t^{-1} \cdot t^{1{,}5} = 10\,t^{0{,}5}$

3. endgültige Lösung
$Y(t) = Y_{ho} + Y_s = A \cdot t^{1,5} + 10\, t^{0,5}$

4. Bestimmung der Konstanten A
$Y(1) = 10 \qquad Y(1) = A \cdot 1^{1,5} + 10 \cdot 1^{0,5} = A + 10 = 10 \quad \Rightarrow A = 0$
$Y(t) = 10 \cdot \sqrt{t}$
prognostiziertes BSP 1995 $\quad Y(16) = 10 \cdot \sqrt{16} = 40$

b) Vergleich der zwei Modelle
Modell 1 1.Ableitung $Y`(t) = 5/\sqrt{t}$
Modell 2 1.Ableitung $Y`(t) = 2$
Kommentar : Für große Werte von t geht die Ableitung der 1.Modellfunktion gegen 0. Die Ableitung der 2.Modellfunktion ist konstant 2 $\Rightarrow$ Modell 2 ist optimistischer.

L 10.3 Angebotsfunktion und Elastizität

a) $\frac{dx}{dp}\frac{p}{x} = 2 + 3p \quad \Rightarrow \quad \int \frac{dx}{x} = \int \frac{2+3p}{p}\, dp$

$\ln|x| = 2 \ln|p| + 3p + C$
$x(p) = Ap^2e^{3p}$

b) $x(p) = Ap^2e^{3p} \qquad x'(p) = 2 \cdot A \cdot p \cdot e^{3p} + A \cdot p^2 3e^{3p} = A \cdot p^2e^{3p}\left(\frac{2+3p}{p}\right)$

$$A \cdot p^2e^{3p}\left(\frac{2+3p}{p}\right) - \left(\frac{2+3p}{p}\right)A \cdot p^2e^{3p} = 0$$

c) $x_S(p) = A(p) \cdot p^2e^{3p} \qquad x_S'(p) = A'(p) \cdot p^2e^{3p} + A(p) \cdot p^2e^{3p}\left(\frac{2+3p}{p}\right)$

$$A'(p) \cdot p^2e^{3p} + A(p) \cdot p^2e^{3p}\left(\frac{2+3p}{p}\right) - \left(\frac{2+3p}{p}\right)A(p) \cdot p^2e^{3p} = -\,3\,p^2$$

$A'(p) \cdot p^2e^{3p} = -\,3\,p^2 \qquad A'(p) = -3e^{-3p}$
$A(p) = \int A'(p)\, dp = \int -3e^{-3p}\, dp = e^{-3p} + C$

$$x_S(p) = p^2e^{3p}\,(e^{-3p} + C) = p^2 + C \cdot p^2e^{3p}$$

L 10.4 Differentialgleichung 1

a) Es gilt offensichtlich:
$e^{x+\ln(x)} = x \cdot e^x$
$y(x) = A \cdot e^{\int x \cdot e^x dx}$
Berechne zunächst das Integral: $\quad \int x \cdot e^x dx = x \cdot e^x - e^x + c = (x-1) \cdot e^x + c$

Daraus folgt: $\quad y(x) = A \cdot e^{(x-1) \cdot e^x}$

Probe: $\quad y'(x) = A \cdot (e^x + x \cdot e^x - e^x) \cdot e^{(x-1) \cdot e^x} = x \cdot e^x \cdot y(x)$

b) $y(1) = A \cdot e^0 = A = 2$

$\Rightarrow y_A = 2 \cdot e^{(x-1)e^x}$

L 10.5 Elastizität

$\varepsilon_{x,p} = 2 + p \qquad \Rightarrow \frac{dx}{dp}\frac{p}{x} = 2 + p \qquad \Rightarrow \int \frac{dx}{x} = \int \frac{2}{p} + 1\, dp$

$\Rightarrow \ln x = 2 \cdot \ln p + p + C$

$\Rightarrow x(p) = A \cdot p^2 e^p$

$x(3{,}10) = x(3{,}1) = 426$

$x(3{,}1) = A \cdot 3{,}1^2 e^{3,1} = 426 \qquad \Rightarrow \qquad A \approx 2$

$x(p) = 2p^2 e^p$

Probe: $\varepsilon_{x,p} = \frac{dx}{dp}\frac{p}{x} = (4pe^p + 2p^2e^p)\ \frac{p}{2p^2e^p} = \frac{4p^2e^p}{2p^2e^p} + \frac{2p^3e^p}{2p^2e^p} = 2 + p$ q.e.d.

L 10.6 Differentialgleichung 2

Es handelt sich um eine lineare, homogene Differentialgleichung 1. Ordnung.

$y' = x \cdot e^x y$

$\frac{dy}{dx} = x \cdot e^x y$

$\int \frac{1}{y} dy = \int x \cdot e^x\ dx \qquad y(x) = e^{\int x \cdot e^x dx}$

Integralberechnung mit partieller Integration:

$\int x \cdot e^x\ dx = x \cdot e^x - \int e^x\ dx + c_1$

$= x \cdot e^x - e^x + c_2 \quad = (x-1)e^x + c_2$

mit $A = e^{c_2}$ ergibt sich: $y = A \cdot e^{(x-1)e^x}$

für $y(1) = 2$ ergibt sich: $A = 2$, also: $y = 2 \cdot e^{(x-1)e^x}$

L 10.7 Differentialgleichung 3

Inhomogene DGL 1.Ordnung 1. Grades

Lösen der homogenen DGL: $y' + \frac{y}{x^2} = 0$

$\frac{y'}{y} = -\frac{1}{x^2} \Leftrightarrow \frac{dy}{y} = -\frac{1}{x^2}dx$

$\int \frac{1}{y}\ dy = \int -\frac{1}{x^2}\ dx$

$\ln|y| = \frac{1}{x} + C$

$y = A \cdot e^{\frac{1}{x}}$

Variation der Konstanten:
$$y = A(x)\cdot e^{\frac{1}{x}}$$
$$y' = A'(x)e^{\frac{1}{x}} + A(x)(-1)e^{\frac{1}{x}}\frac{1}{x^2}$$

Einsetzen in die inhomogene DGL liefert:

$$A'(x)e^{\frac{1}{x}} + A(x)(-1)e^{\frac{1}{x}}\frac{1}{x^2} + \frac{A(x)e^{\frac{1}{x}}}{x^2} = \cos x \Leftrightarrow A'(x)e^{\frac{1}{x}} = \cos x \Leftrightarrow A'(x) = e^x \cos x$$

$$\int A'(x)\,dx = \int e^x \cos x\,dx \quad \Leftrightarrow \quad A(x) = \int e^x \cos x\,dx$$

Das Integral wird durch partielle Integration gelöst:

$$\int e^x \cos x\,dx = e^x \cos x + \int e^x \sin x\,dx = e^x \cos x + e^x \sin x - \int e^x \cos x\,dx$$

$$\Rightarrow 2\cdot \int e^x \cos x\,dx = e^x \cos x + e^x \sin x \qquad \Rightarrow \int e^x \cos x\,dx = \frac{e^x \cos x + e^x \sin x}{2} + C$$

$$\Rightarrow A(x) = \frac{e^x \cos x + e^x \sin x}{2} + C.$$

Es folgt für die allgemeine Lösung:

$$y = \left(\frac{e^x}{2}(\cos x + \sin x) + C\right)e^{\frac{1}{x}} = \frac{1}{2}(\cos x + \sin x) + C\cdot e^{\frac{1}{x}}$$

Die Anfangsbedingung $y(0) = 10$ wird erfüllt von der speziellen Lösung:

$$y(0) = \frac{1}{2}(1+0)+C \quad \Rightarrow C = 10 - \frac{1}{2} = \frac{19}{2} \quad \Rightarrow \underline{\underline{y = \frac{1}{2}(\cos x + \sin x) + \frac{19}{2}e^{\frac{1}{x}}}}$$

L 10.8 Differentialgleichung 4

a) Klassifikation: inhomogen, 1.Ordnung, 1. Grad, konst. Koeffizienten

b) 1. Schritt: allg. homogene LSG

$y'(t) + 2y(t) = 0 \quad \Leftrightarrow \quad y'(t) = -2y(t)$

$\frac{dy}{y} = -2dt \quad \Rightarrow \quad \int \frac{dy}{y} = -\int 2dt$

$\ln|y| = -2t + C \quad \Rightarrow \quad y = A\cdot e^{-2t}$ (allgemeine homogene Lsg.)

2.Schritt: Variation der Konstanten und einsetzen in die inhomogene DGL

$y = A(t)\cdot e^{-2t}$ $\qquad y' = A'(t)\cdot e^{-2t} - A(t)\cdot 2e^{-2t}$

$A'(t)\cdot e^{-2t} - A(t)\cdot 2e^{-2t} + 2A(t)\cdot e^{-2t} = 10 \Leftrightarrow A'(t)\cdot e^{-2t} = 10 \quad \Leftrightarrow A'(t) = 10\cdot e^{2t}$

3.Schritt: Integration; Ziel: A(t)

$A(t) = \int A'(t) = \int 10\cdot e^{2t}\,dt = 0{,}5\cdot 10\,e^{2t} + C = 5\,e^{2t} + C.$

4. Schritt: Einsetzen von A(t) in die allg. homogene LSG; Ziel: allg inhomogene LSG

$y(t) = (5\,e^{2t} + C)\,e^{-2t} = 5 + C\,e^{-2t}$

c) partikuläre Lösung:

$y(0) = 5$

$y(0) = 5 + C\,e^0 = 5 + C = 5 \quad \Leftrightarrow C = 0$

$y(t) = 5$

L 11 Lösungen zu den Vektoren und Matrizen

L 11.1 Basis

a) Ja, da die Vektoren linear unabhängig sind (dim B = 3)

$$\lambda_1 - \lambda_3 = 0 \quad\Rightarrow\quad \lambda_1 = \lambda_3$$
$$-\lambda_2 + \lambda_3 = 0 \quad\Rightarrow\quad \lambda_2 = \lambda_3$$
$$2\lambda_1 + 3\lambda_2 + \lambda_3 = 0 \quad\Rightarrow\quad 6\lambda_1 = 0 \;\Rightarrow\; \lambda_1 = 0 \qquad \Rightarrow \lambda_i = 0$$

b)

$$\begin{pmatrix} 2 \\ 6 \\ -2 \end{pmatrix} = 4 \cdot \begin{pmatrix} 1 \\ 0 \\ 2 \end{pmatrix} - 4 \cdot \begin{pmatrix} 0 \\ -1 \\ 3 \end{pmatrix} + 2 \cdot \begin{pmatrix} -1 \\ 1 \\ 1 \end{pmatrix}$$

L 11.2 Inverse und Determinante

		$\overline{A}$					$\overline{\overline{E}}$		
1	0	0	0	0	1	0	0	0	0
1	1	0	0	0	0	1	0	0	0
-1	0	1	0	0	0	0	1	0	0
0	0	0	-2	0	0	0	0	1	0
0	3	0	0	1	0	0	0	0	1
1	0	0	0	0	1	0	0	0	0
0	1	0	0	0	-1	1	0	0	0
0	0	1	0	0	1	0	1	0	0
0	0	0	1	0	0	0	0	-1/2	0
0	0	0	0	1	3	-3	0	0	1
		$\overline{\overline{E}}$					$\overline{A}^{-1}$		

$\det(\overline{A}) = -2$ $\qquad$ $rg(\overline{A}) = 5$

L 11.3 Elemente einer Matrix

$$\overline{A} \cdot \overline{A}^{-1} = \overline{A}^{-1} \cdot \overline{A} = \overline{\overline{E}}$$

$$\begin{pmatrix} a & b & c \\ 1 & -e & a \\ d & 1 & 1 \end{pmatrix} \begin{pmatrix} 0 & c & a \\ -1 & -3 & f \\ a & 5 & 2g \end{pmatrix} = \begin{pmatrix} 1 & 0 & 0 \\ 0 & 1 & 0 \\ 0 & 0 & 1 \end{pmatrix}$$

$-b + ac = 1$

$e + a^2 = 0 \qquad \Rightarrow (2)\; e = -1$

$-1 + a = 0 \qquad \Rightarrow (1)\; a = 1$

$ac + -3b + 5a = 0$

$c + 3e + 5a = 1 \qquad \Rightarrow (3)\; c = -1$

$cd - 3 + 5 = 0 \qquad \Rightarrow (4)\; d = 2$

$a^2 + bf + 2cg = 0$

$a - ef + 2ag = 0 \qquad \Rightarrow (4)\; b = -2,\; (5)\; f = 2,\; (5)\; g = -\frac{3}{2}$

$ad + f + 2g = 1$

L 11.4 Code

$$\overline{B} = \begin{pmatrix} 15 & 146 & 117 \\ 34 & 142 & 144 \\ 83 & 162 & 279 \end{pmatrix} \qquad \overline{V} = \begin{pmatrix} 3 & 2 & 9 \\ 1 & 4 & 3 \\ 0 & 8 & 6 \end{pmatrix} \qquad \overline{V}^{-1} = \begin{pmatrix} 0 & 1 & -0{,}5 \\ -0{,}1 & 0{,}3 & 0 \\ 0{,}1\overline{3} & -0{,}4 & 0{,}1\overline{6} \end{pmatrix}$$

daraus folgt: $\overline{B} \cdot \overline{V}^{-1} = \begin{pmatrix} 1 & 12 & 12 \\ 5 & 19 & 7 \\ 21 & 20 & 5 \end{pmatrix}$ und decodiert: $\begin{pmatrix} A & L & L \\ E & S & G \\ U & T & E \end{pmatrix}$

somit: ALLES GUTE

L 11.5 Inverse

a) $\overline{A}^{-1} = \begin{pmatrix} 6 & -2 & -3 \\ -1 & 1 & 0 \\ -1 & 0 & 1 \end{pmatrix}$ b) $\overline{A}^{-1} \cdot \overline{A}' = \begin{pmatrix} -7 & -9 & -10 \\ 1 & 2 & 1 \\ 2 & 2 & 3 \end{pmatrix}$ und $\overline{A}^{-1} \cdot \overline{A} = \begin{pmatrix} 1 & 0 & 0 \\ 0 & 1 & 0 \\ 0 & 0 & 1 \end{pmatrix}$

L 11.6 Inverse und Elemente einer Matrix

$\det(\overline{A}) = (1-a^2) - (-a)(-a) = 1-2a^2$

a) Die Inverse $\overline{A}^{-1}$ existiert für $(1-2a^2) \neq 0 \Rightarrow a \in R\backslash\{\pm\frac{\sqrt{2}}{2}\}$ Anmerkung: $\frac{\sqrt{2}}{2} = \frac{1}{\sqrt{2}}$

b) $a = \pm\frac{\sqrt{2}}{2}$ c) $a = \pm\frac{\sqrt{2}}{2}$ d) $a \in R\backslash\{\pm\frac{\sqrt{2}}{2}\}$

e) $\overline{A}^{-1} = \begin{pmatrix} 1 & 0 & 0 \\ 0 & 1 & 0 \\ 0 & 0 & 1 \end{pmatrix}$

L 11.7 Orthogonalität

$\vec{u} \perp \vec{w} \Leftrightarrow (2 \;\; 2 \;\; b) \cdot \begin{pmatrix} 5 \\ -3 \\ -b \end{pmatrix} = 4 - b^2 = 0 \Rightarrow b_{1,2} = \pm 2$

$\vec{u} \perp \vec{v} \Leftrightarrow (2 \;\; 2 \;\; b) \cdot \begin{pmatrix} c \\ a-3 \\ 1 \end{pmatrix} = 2c + 2a - 6 + b = 0$

$\vec{v} \perp \vec{w} \Leftrightarrow (c \;\; a-3 \;\; 1) \cdot \begin{pmatrix} 5 \\ -3 \\ b \end{pmatrix} = 5c - 3a + 9 - b = 0$

1. Fall: $b = 2 \Rightarrow 2c + 2a = 4 \wedge 5c - 3a = -7 \Rightarrow a = \frac{17}{8} \wedge c = \frac{-1}{8}$

2. Fall: $b = -2 \Rightarrow 2c + 2a = 8 \wedge 5c - 3a = -11 \Rightarrow a = \frac{31}{8} \wedge c = \frac{1}{8}$

L 12 Lösungen zu den linearen Gleichungssystemen

L 12.1 Lösbarkeit von LGS

a)

1 2 1	b
3 9 6	9b
2 8 (2k+6)	$2b^2 + 12b - 4$
1 2 1	b
0 3 3	6b
0 4 (2k+4)	$2b^2 + 10b - 2$
1 2 1	b
0 1 1	2b
0 0 2k	$2b^2 + 2b - 4$
1 2 1	b
0 1 1	2b
0 0 k	$b^2 + b - 2$

I.

$k = 0 \wedge b^2 + b - 2 \neq 0 \Rightarrow rg(\overline{A}) < rg(\overline{A}, \vec{b}) \Rightarrow$ unlösbar

also unlösbar für $k = 0 \wedge b \neq 1 \vee b \neq -2$

II.

$k \neq 0 \Rightarrow rg(\overline{A}) = 3 \Rightarrow$ eindeutig lösbar

III.

$k = 0 \wedge b^2 + b - 2 = 0 \Rightarrow rg(\overline{A}) = rg(\overline{A}, \vec{b}) = 2 < 3 \quad \Rightarrow$ mehrdeutig lösbar

$$b_{1,2} = -\frac{1}{2} \pm \sqrt{\frac{1}{4} + 2} \quad \Rightarrow b_1 = -\frac{1}{2} + \frac{3}{2} = 1 \text{ und } b_2 = -\frac{1}{2} - \frac{3}{2} = -2$$

also mehrdeutig lösbar für $k = 0 \wedge b = 1 \vee b = -2$

b) 1 Fall: $k = 0 \wedge b = 1$

$$\begin{array}{ccc|c} 1 & 2 & 1 & 1 \\ 0 & 1 & 1 & 2 \\ 0 & 0 & 0 & 0 \end{array}$$

$n - rg(\overline{A}) = 3 - 2 = 1$

$$x_1 + 2x_2 + 3x_3 = 1$$

$$x_2 + x_3 = 2$$

$x_3 = \lambda; \quad x_2 = 2 - x_3 = 2 - \lambda; \quad x_1 = 1 - 2x_2 - 3x_3 = -3 + \lambda$

$$L = \{\vec{x} \mid \vec{x} = \begin{pmatrix} -3 \\ 2 \\ 0 \end{pmatrix} + \lambda \begin{pmatrix} 1 \\ -1 \\ 1 \end{pmatrix}, \lambda \in R\}$$

2. Fall: $k = 0 \wedge b = -2$

$$\begin{array}{ccc|c} 1 & 2 & 1 & -2 \\ 0 & 1 & 1 & 4 \\ 0 & 0 & 0 & 0 \end{array}$$

$$x_1 + 2x_2 + x_3 = -2$$
$$x_2 + x_3 = -4$$
$$x_3 = \lambda; \quad x_2 = -4 - x_3 = -4 - \lambda; \qquad x_1 = -2 - 2x_2 - x_3 = -2 + 8 + 2\lambda - \lambda = 6 + \lambda$$

$$L = \{\vec{x} \mid \vec{x} = \begin{pmatrix} 6 \\ 4 \\ 0 \end{pmatrix} + \lambda \begin{pmatrix} 1 \\ -1 \\ 1 \end{pmatrix}, \lambda \in R\}$$

c)

$k = 1$

$$\overline{A} = \begin{pmatrix} 1 & 2 & 1 \\ 0 & 1 & 1 \\ 0 & 0 & 1 \end{pmatrix} \qquad \overline{A}^{-1} = \begin{pmatrix} 4 & -4/3 & -1/2 \\ -2 & 1 & -1/2 \\ 1 & -2/3 & 1/2 \end{pmatrix}$$

L 12.2 Basistausch

a)

$$L = \left\{ x \mid x = \begin{pmatrix} 1 \\ 0 \\ 0 \\ 0 \end{pmatrix} + \mu \begin{pmatrix} -2 \\ -3 \\ 1 \\ 0 \end{pmatrix} + \lambda \begin{pmatrix} -4 \\ -2 \\ 0 \\ 1 \end{pmatrix} \quad \mu, \lambda \in R \right\}$$

b)

$$L = \left\{ x \mid x = \begin{pmatrix} 1 \\ 0 \\ 0 \\ 0 \end{pmatrix} + \mu \begin{pmatrix} 2/3 \\ 1 \\ -1/3 \\ 0 \end{pmatrix} + \lambda \begin{pmatrix} -10/3 \\ 0 \\ -2/3 \\ 1 \end{pmatrix} \quad \mu, \lambda \in R \right\}$$

L 12.3 Lösbarkeit von LGS

1	0	1	3
0	2α	2α	2α
-1	0	α	-1
1	0	1	3
0	α	α	α
0	0	$\alpha + 1$	2

a) keine Lösung für $\alpha = -1$, Widerspruch in der letzten Zeile

b) mehrdeutige Lösung für $\alpha = 0$

Tableau für $\alpha = 0$

1	0	1	3
0	0	0	0
0	0	1	2

$x + z = 3 \quad z = 2 \quad \Rightarrow x = 1 \quad z = 2 \quad y = \text{beliebig} \quad L = \left\{ \begin{pmatrix} x \\ y \\ z \end{pmatrix} = \begin{pmatrix} 1 \\ 0 \\ 2 \end{pmatrix} + \begin{pmatrix} 0 \\ 1 \\ 0 \end{pmatrix} \lambda \ , \lambda \in R \right\}$

c) eindeutig lösbar für $\alpha \neq 0 \wedge \alpha \neq -1$

L 12.4 Determinante und Lösbarkeit

a)

$$\text{Determinante} = \begin{vmatrix} m & -2 & -2 \\ 2 & -3 & 1 \\ 1 & -2 & m \end{vmatrix} = 3m\,(2 - m)$$

Für m = 0 und m = 2 ist der Wert der Determinante = 0 und das Gleichungssystem hat keine eindeutige Lösung.

b) m =0

0	-2	-2	2
2	-3	1	-1
1	-2	0	0
1	-2	0	0 In = IIIa
0	-2	-2	2 IIn = Ia
0	1	1	-1 IIIn = IIa - IIIa
1	-2	0	0 In = Ia
0	1	1	-1 IIn = IIa/-2
0	0	0	0 IIIn = IIIa - IIn

Es handelt sich um eine mehrdeutige Lösung.

$z = \alpha \qquad y = -1 - \alpha \qquad x = -2 - 2\alpha$

$$L = \left\{ \begin{pmatrix} x \\ y \\ z \end{pmatrix} \middle| \begin{pmatrix} x \\ y \\ z \end{pmatrix} = \begin{pmatrix} -2 \\ -1 \\ 0 \end{pmatrix} + \alpha \begin{pmatrix} -2 \\ -1 \\ 1 \end{pmatrix} ; \alpha \in R \right\}$$

m = 2

2	-2	-2	2
2	-3	1	-1
1	-2	2	2
2	-2	-2	2 In = Ia
0	1	-3	3 IIn = Ia - IIa
0	1	-3	-5 IIIn = IIa - 2IIIa
2	-2	-2	2
0	1	-3	3
0	0	0	8 IIIn = IIa - IIIa

Widerspruch in der letzten Zeile, dieses LGS ist unlösbar.

L 12.5 Rangbetrachtung

m > n

x_1	x_2	x_3	
2	1	1	2
0	1	2	4
1	2	0	a
2	0	1	0
2	1	1	2
0	1	2	4
0	-3	1	2-2a
0	1	0	2
2	1	1	2
0	1	2	4
0	7	0	4a
0	1	0	2

$x_2 = 2$

$7 \cdot 2 = 4a \quad \Rightarrow a = 3{,}5$

$1 \cdot 2 + 2x_3 = 4 \quad \Rightarrow x_3 = 1$

$2x_1 + 2 + 1 = 2 \quad \Rightarrow x_1 = -0{,}5$

Das lineare Gleichungssystem ist eindeutig lösbar, wenn a den Wert 3,5 annimmt:

Es gilt dann: r(A)= r(A,b)= n = 3

Ansonsten liegt ein Widerspruch vor, wobei gilt:

r(A)= 3< r(A,b)= 4

L 13 LÖSUNGEN ZU DEN DETERMINANTEN

L 13.1 Matrix und Integral

a) $a = 0$

b)

$$\int\sqrt{4+3x}\,dx = \frac{1}{3}\int\sqrt{y}dy = \frac{2}{9}\,y^{\frac{3}{2}} + c = \frac{2}{9}(4+3x)^{\frac{3}{2}} + c$$

$$\int_0^4 \sqrt{4+3x}\,dx = 12\frac{4}{9}$$

L 13.2 Determinante und Elemente einer Matrix

a)

$$\bar{A} = \begin{pmatrix} e^{-x} & 3e^{x} & e^{x} \\ e^{x} & 4 & 2 \\ 0 & 3 & 2 \end{pmatrix}$$

$$\det \bar{A} = e^{-x} \det\begin{pmatrix} 4 & 2 \\ 3 & 2 \end{pmatrix} - e^{x} \det\begin{pmatrix} 3e^{x} & e^{x} \\ 3 & 2 \end{pmatrix} = 0$$

$e^{-x}\,(8\text{-}6) - e^{x}\,(6e^{x}\text{-}3e^{x}) = 0$

$2e^{-x} - 3e^{2x} = 0$

$2e^{-x} = 3e^{2x}$

$e^{3x} = 2/3$

$3x = \ln 2 - \ln 3$

$x = (\ln 2 - \ln 3) / 3 = -0{,}1352$

b) linear abhängige Zeilenvektoren (bzw. Spaltenvektoren)

L 13.3 Fragen zu Determinanten

a)

$$\det\bar{A} = \begin{vmatrix} K & 0 & 0 & 0 & 0 & 0 & 0 \\ \ln e & L & 0 & 0 & 0 & 0 & 0 \\ G & 1 & A & 0 & 0 & 0 & 0 \\ 8 & \varphi & \tau & U & 0 & 0 & 0 \\ 3 & E & \pi & \lambda & S & 0 & 0 \\ 1 & 2 & 4 & \Omega & \cos\beta & U & 0 \\ \sin\pi & 9 & 1 & m & 6 & \varepsilon & R \end{vmatrix}.$$

Trick: Spaltentausch: I $\leftrightarrow$ VII und II $\leftrightarrow$ III
Die Lösung ist das Produkt der Hauptdiagonalenelemente: KLAUSUR.

b) 1) falsch; 2) falsch; 3) falsch; 4) wahr

L 14 Lösungen zur Input-Output-Analyse

L 14.1 Input-Output-Tableau 1

a)

	S1	S2	S3	Exporte	BPWs	
S1	**40**	20	**320**	**20**	400	
S2	100	**160**	**80**	60	**400**	
S3	**200**	**0**	200	**400**	800	
PA	40	60	200		**300**	**Summe**
Importe	**20**	160	**0**		**180**	**480**
BPWs	**400**	**400**	**800**	**480**		

Matrix der technischen Koeffizienten $\overline{A} = \begin{pmatrix} 0{,}1 & 0{,}05 & 0{,}4 \\ 0{,}25 & 0{,}4 & 0{,}1 \\ 0{,}5 & 0 & 0{,}25 \end{pmatrix}$

b) Exporte - Importe = 480 - 180 = 300 $\rightarrow$ Handelsbilanzüberschuß

c) $0{,}1 \cdot 500 + 0{,}05x_2 + 0{,}4 \cdot 800 + n_1 = 500$

$0{,}25 \cdot 500 + 0{,}4x_2 + 0{,}1 \cdot 800 + 35 = x_2$

$0{,}5 \cdot 500 + \qquad + 0{,}25 \cdot 800 + n_3 = 800$

$\Rightarrow n_1 = 110; \quad n_3 = 350; \quad x_2 = 400$

	S1	S2	S3	Exporte	BPWs
S1	**50**	20	320	**110**	**500**
S2	**125**	160	80	**35**	400
S3	**250**	0	200	**350**	800
Löhne	**50**	60	200		**310**
Importe	**25**	160	0		**185**
BPWs	**500**	400	800	**495**	

d) Die technischen Koeffizienten sind immer konstant.

L 14.2 Marsupilamien

a)

$$\frac{X_{11}}{1500} = 0{,}1 \Rightarrow X_{11} = 150 \qquad \frac{X_{12}}{800} = 0{,}25 \Rightarrow X_{12} = 200 \qquad \frac{X_{13}}{1000} = 0{,}3 \Rightarrow X_{13} = 300$$

$$\frac{X_{21}}{1500} = 0{,}2 \Rightarrow X_{21} = 300 \qquad \frac{X_{22}}{800} = 0 \Rightarrow X_{22} = 0 \qquad \frac{X_{23}}{1000} = 0{,}4 \Rightarrow X_{23} = 400$$

$$\frac{X_{31}}{1500} = 0{,}5 \Rightarrow X_{31} = 750 \qquad \frac{X_{32}}{800} = 0{,}1 \Rightarrow X_{32} = 80 \qquad \frac{X_{33}}{1000} = 0 \Rightarrow X_{33} = 0$$

⇒

VON \ NACH	S_1	S_2	S_3	N	BPW's
S_1	*150*	*200*	*300*	*850*	1500
S_2	*300*	*0*	*400*	*100*	800
S_3	*750*	*80*	*0*	*170*	1000
Einkommen (Y)	*45*	80	*50*		
Importe (M)	55	*240*	0		
Gewinn	200	200	250		
BPW's	*1500*	*800*	*1000*		

b)

$\vec{x} = (\bar{E} - \bar{A})^{-1}\,\vec{n}$, mit $\vec{n}_{neu} = 0{,}8\,\vec{n}_{alt}$ folgt: $\vec{x}_{neu} = (\bar{E} - \bar{A})^{-1}\,\vec{n}_{neu} = 0{,}8\,(\bar{E} - \bar{A})^{-1}\,\vec{n}_{alt}$

$$\Rightarrow \vec{x}_{neu} = 0{,}8\,\vec{x}_{alt} \qquad \vec{x}_{neu} = 0{,}8\begin{pmatrix}1500\\800\\1000\end{pmatrix} = \begin{pmatrix}1200\\640\\800\end{pmatrix}$$

c)

Die Einkommenskoeffizienten: $y_1 = \frac{45}{1500} = 0{,}03$; $y_2\,\frac{80}{800} = 0{,}1$; $y_3\,\frac{50}{1000} = 0{,}05$

$\Rightarrow \vec{y}\,' = (0{,}03\ ;\ 0{,}1\ ;\ 0{,}05\ )$

$$y_{ges} = \vec{y}\,'\,\vec{x}_{neu} = (0{,}03\ ;\ 0{,}1\ ;\ 0{,}05\ )\begin{pmatrix}1200\\640\\800\end{pmatrix} = 140$$

$\Delta y = y_{alt} - y_{neu} = 175 - 140 = 35 \qquad \Rightarrow \Delta y\ (\text{in }\%) = -\frac{35}{175} = -\,20{,}00\ \%$

d)

$$\bar{A} = \begin{pmatrix}0{,}1 & 0{,}25 & 0{,}3\\ 0{,}2 & 0 & 0{,}4\\ 0{,}5 & 0{,}1 & 0\end{pmatrix} \text{ und } \vec{n} = (\bar{E} - \bar{A})\,\vec{x} \Rightarrow \begin{pmatrix}1140\\320\\n_3\end{pmatrix} = \begin{pmatrix}0{,}9 & -0{,}25 & -0{,}3\\ -0{,}2 & 1 & -0{,}4\\ -0{,}5 & -0{,}1 & 1\end{pmatrix}\begin{pmatrix}x_1\\x_2\\1200\end{pmatrix}$$

⇒

$$\begin{aligned} 1'140 &= 0{,}9\,x_1 - 0{,}25\,x_2 - 0{,}3\ 1200 \\ 320 &= -0{,}2\,x_1 + 1\,x_2 - 0{,}4\ 1200 \\ n_3 &= -0{,}5\,x_1 - 0{,}1\,x_2 + 1200 \end{aligned} \quad \Rightarrow \quad \begin{aligned} 0{,}9\,x_1 - 0{,}25\,x_2 &= 1500 \\ -0{,}2\,x_1 + 1\,x_2 &= 800 \\ 0{,}5\,x_1 + 0{,}1\,x_2 + n_3 &= 1200 \end{aligned}$$

$$\Rightarrow \begin{array}{ccc|c} x_1 & x_2 & n_3 & \\ \hline 0{,}9 & -0{,}25 & 0 & 1500 \\ -0{,}2 & 1 & 0 & 800 \\ 0{,}5 & 0{,}1 & 1 & 1200 \end{array} \Rightarrow \begin{array}{ccc|c} \hline 90 & -25 & 0 & 150000 \\ -2 & 10 & 0 & 8000 \\ 5 & 1 & 10 & 12000 \end{array}$$

$$\Rightarrow \begin{array}{ccc|c} \hline 18 & -5 & 0 & 30000 \\ -1 & 5 & 0 & 4000 \\ 5 & 1 & 10 & 12000 \end{array} \begin{array}{c} 18III-5I \\ \Rightarrow \\ 18II+I \end{array} \begin{array}{ccc|c} \hline 18 & -5 & 0 & 30000 \\ 0 & 85 & 0 & 102000 \\ 0 & 43 & 180 & 66000 \end{array}$$

$$\Rightarrow \left(\begin{array}{ccc|c} 18 & -5 & 0 & 30000 \\ 0 & 17 & 0 & 20400 \\ 0 & 43 & 180 & 66000 \end{array}\right) \overset{17III-43II}{\Rightarrow} \left(\begin{array}{ccc|c} 18 & -5 & 0 & 30000 \\ 0 & 17 & 0 & 20400 \\ 0 & 0 & 3060 & 244800 \end{array}\right)$$

$$\Rightarrow n_3 = \frac{244800}{300} = 80$$

$$\Rightarrow x_2 = \frac{20400}{17} = 1'200$$

$$\Rightarrow 18\ x_1\ 30000 + 5\ 1200 = 36000 \ \Rightarrow x_1 = \frac{36000}{18} = 2000$$

e)

$$\frac{X_{13}}{1200} = 0{,}3 \Rightarrow X_{13} = 360 \quad \frac{X_{23}}{1200} = 0{,}4 \Rightarrow X_{23} = 480 \quad \frac{X_{33}}{1200} = 0 \Rightarrow X33 = 0$$

$$\frac{Y_{43}}{1200} = 0{,}05 \Rightarrow Y_{43} = 60$$

VON \ NACH	S_1	S_2	S_3	N	BPW's
S_1			*360*	1140	2000
S_2			*480*	320	1200
S_3			*0*	80	1200
Einkommen (Y)			*60*		
Importe (M)			*0*		
Gewinn			***300***		
BPW's			1200		

L 14.3 Input-Output-Tableau 2

a)

	Sektor 1	Sektor 2	Sektor 3	N_{Privat}	N_{Staat}	BPW's
Sektor 1	*300*	0	0	*250*	50	600
Sektor 2	120	*250*	100	*23*	7	500
Sektor 3	60	0	*200*	*120*	20	400
PA	*130*	*150*	120			400
Gewinn	*–10*	100	*–20*			*70*
BPW's	*600*	*500*	*400*	*393*	*77*	*1970*

$$\overline{A} = \begin{pmatrix} 0{,}5 & 0 & 0 \\ 0{,}2 & 0{,}5 & 0{,}25 \\ 0{,}1 & 0 & 0{,}5 \end{pmatrix}$$

b)

0,5	**0**	**0**	1	0	0	$\vert\cdot 2$
−0,2	**0,5**	**−0,25**	0	1	0	
−0,1	**0**	**0,5**	0	0	1	
1	0	0	2	0	0	$\vert\cdot 0{,}2 \; \vert\cdot 0{,}1$
0	0,5	−0,25	0,4	1	0	$\vert\cdot 2$
0	0	0,5	0,2	0	1	$\vert\cdot 2$
1	0	0	2	0	0	
0	1	−0,5	0,8	2	0	
0	0	1	0,4	0	2	
1	0	0	**2**	**0**	**0**	
0	1	0	**1**	**2**	**1**	
0	0	1	**0,4**	**0**	**2**	$\vert\cdot 0{,}25$

c) $\vec{x} = (\overline{E} - \overline{A})^{-1} \cdot \vec{n}$

$$\vec{x} = \begin{pmatrix} 2 & 0 & 0 \\ 1 & 2 & 1 \\ 0{,}4 & 0 & 2 \end{pmatrix} \cdot \begin{pmatrix} 285 \\ 27 \\ 112 \end{pmatrix} = \begin{pmatrix} \mathbf{570} \\ \mathbf{451} \\ \mathbf{338} \end{pmatrix}$$

d) I.: b); II.: b)

L 14.4 Tutor Alfred

- $E_1=BPW_1 \cdot e_i=50$ — $E_2=BPW_2 \cdot e_i=100$
- $E_3=BPW_3 \cdot e_i=50$ — $E_4=S_{44}/1{,}2=100$
- $BPW_4=E_4:e_i=2000$ — $S_{11}=E_1 \cdot 1{,}2=60$
- $S_{22}=E_2 \cdot 1{,}2=120$ — $S_{33}=E_3 \cdot 1{,}2=60$
- $S_{13}=1000-200-190-190-100-60-50=210$
- $S_{12}=1000-60-210-300-300-50=80$
- $a_{12}=a_{21}=0{,}04$ — $S_{21}=a_{21} \cdot BPW_1=40$
- $a_{13}=a_{31}=0{,}21$ — $S_{31}=S_{13}=200$
- $a_{14}=a_{41}=0{,}15$ — $S_{41}=a_{41} \cdot BPW_1=150$
- $a_{23}=a_{32}=0{,}05$ — $S_{32}=a_{32} \cdot BPW_2=100$
- $a_{43}=a_{34}=0{,}1$ — $S_{34}=a_{34} \cdot BPW_4=200$
- $a_{42}=a_{24}=0{,}05$ — $S_{24}=a_{24} \cdot BPW_4=100$
- Alle anderen Größen ergeben sich durch Saldobildung.

$$A_{ij}= \begin{pmatrix} 0{,}06 & 0{,}04 & 0{,}21 & 0{,}15 \\ 0{,}04 & 0{,}06 & 0{,}05 & 0{,}05 \\ 0{,}21 & 0{,}05 & 0{,}06 & 0{,}1 \\ 0{,}15 & 0{,}05 & 0{,}1 & 0{,}06 \end{pmatrix}$$

	S1	S2	S3	S4	N	E	BPW
S1	60	80	210	300	300	50	1000
S2	40	120	50	100	1590	100	2000
S3	210	100	60	200	380	50	1000
S4	150	100	100	120	1430	100	2000
I	185	675	190	290			
PA	185	675	190	290			
G	170	250	200	700			
BPW	1000	2000	1000	2000			

b) Die Werte der Matrix A sind zum größten Teil schon in a) berechnet worden, die Diagonalelemente sind alle 0,06.

	S1	S2	S3	S4
S1	120	40	420	150
S2	80	60	100	50
S3	420	50	120	100
S4	300	50	200	60

c) Die Koeffizienten sind konstant.

d) -grundlegende wirtschaftliche Veränderungen werden nicht berücksichtigt
-lineare Verbrauchsfunktionen sind eher unrealistisch

e) Der Gewinn steht als Saldo zwischen den Erträgen(=BPW) und den Kosten (=Spaltensummen). Da die Erträge im allgemeinen größer sind als die Kosten und der Gewinn positiv ausgewiesen werden soll, steht er im Bereich der Primäraufwendungen.

L 14.5 Input-Output-Tableau 3

a)

	S1	S2	S3	Nachfrage	BPW
S1	*400*	350	*600*	*650*	2000
S2	400	*2450*	300	*350*	*3500*
S3	*800*	*350*	*1500*	350	3000
PA	400	*350*	*600*		
BPW	*2000*	3500	*3000*		

$$\overline{A} = \begin{pmatrix} 0{,}2 & 0{,}1 & 0{,}2 \\ 0{,}2 & 0{,}7 & 0{,}1 \\ 0{,}4 & 0{,}1 & 0{,}5 \end{pmatrix}$$

b) 1. Möglichkeit:

Es gilt: $\vec{x}_{neu} = 1{,}2\ \vec{x}_{alt}$

Aufgrund der Konstanz der technischen Koeffizienten gilt somit: $\vec{n}_{neu} = 1{,}2\ \vec{n}_{alt}$

$$\vec{n}_{neu} = 1{,}2 \cdot \begin{pmatrix} 150 \\ 350 \\ 350 \end{pmatrix} = \begin{pmatrix} 180 \\ 420 \\ 420 \end{pmatrix} \quad (\Rightarrow \text{ Steigerung um 20\%})$$

2. Möglichkeit:

$\vec{n}_{neu} = (\bar{E} - \bar{A}) \cdot \vec{x}_{neu}$

$$\text{mit } (\bar{E} - \bar{A}) = \begin{pmatrix} 1 & 0 & 0 \\ 0 & 1 & 0 \\ 0 & 0 & 1 \end{pmatrix} - \begin{pmatrix} 0{,}2 & 0{,}1 & 0{,}2 \\ 0{,}2 & 0{,}7 & 0{,}1 \\ 0{,}4 & 0{,}1 & 0{,}5 \end{pmatrix} = \begin{pmatrix} 0{,}8 & -0{,}1 & -0{,}2 \\ -0{,}2 & 0{,}3 & -0{,}1 \\ -0{,}4 & -0{,}1 & 0{,}5 \end{pmatrix} \text{ folgt:}$$

$$\vec{n}_{neu} = \begin{pmatrix} 180 \\ 420 \\ 420 \end{pmatrix} (\Rightarrow \text{ Steigerung um 20\%})$$

c) $\vec{n} = (\bar{E} - \bar{A}) \cdot \vec{x}$

$$\begin{pmatrix} 750 \\ n_2 \\ 450 \end{pmatrix} = \begin{pmatrix} 0{,}8 & -0{,}1 & -0{,}2 \\ -0{,}2 & 0{,}3 & -0{,}1 \\ -0{,}4 & -0{,}1 & 0{,}5 \end{pmatrix} \cdot \begin{pmatrix} x_1 \\ 4200 \\ x_3 \end{pmatrix}$$

Es ergibt sich folgende lineares Gleichungssystem:

$$\begin{aligned} 0{,}8x_1 &- 0{,}1 \cdot 4200 - 0{,}2x_3 = 750 \\ -0{,}2x_1 &+ 0{,}3 \cdot 4200 - 0{,}1x_3 = n_2 \\ -0{,}4x_1 &- 0{,}1 \cdot 4200 + 0{,}5x_3 = 450 \end{aligned}$$

Umgeformt und sinnvoll für die Eintragung ins Anfangstableau geordnet:

$$\begin{aligned} n_2 + 0{,}2x_1 + 0{,}1x_3 &= 1260 \\ 0{,}8x_1 - 0{,}2x_3 &= 1170 \\ -0{,}4x_1 + 0{,}5x_3 &= 870 \end{aligned}$$

Lösung mit Hilfe des Gauß-Algorithmus (teilweise Elimination):

n_2	x_1	x_3	b	
1	0,2	0,1	1260	
0	0,8	-0,2	1170	
0	-0,4	0,5	870	$III_{neu} = 2 \cdot III + II$
1	0,2	0,1	1260	
0	0,8	-0,2	1170	
0	0	0,8	2910	

Die rekursive Ergebnisermittlung ergibt:

$x_3 = 3637{,}5$ $\quad x_1 = 2371{,}875$ $\quad n_2 = 421{,}875$

d) - keine Rationalisierungen
- kein technischer Fortschritt
- keine Produktivitätssteigerung

L 14.6 Input-Output-Tableau 4

a) Tableau:

	S1	S2	S3	N	BPW
S 1	1000	***300***	800	2900	5000
S 2	750	450	***200***	1600	***3000***
S 3	***750***	750	***0***	***500***	***2000***
Y	***750***	***300***	***400***		
sonst. PA	***750***	300	***400***		
Gewinn	1000	900	200		
BPW	5000	***3000***	***2000***		10000

möglicher Lösungsweg:

$a_{31} \quad = 0{,}5 - a_{21} - a_{11} \quad = 0{,}15$
$S_{31} \quad = a_{31}BPW_1 \quad = 750$
$Y_1 \quad = sPA_1 \quad = (BPW_1 - S_{11} - S_{12} - S_{13} - G_1)/2 = 750$
$0{,}5 \quad = a_{22} + a_{32} + a_{12} \quad = (S_{11} + S_{12} + S_{13})/BPW_1$
$BPW_1 \quad = 3000$
$S_{12} \quad = BPW_2 - N_1 - S_{11} - S_{13} \quad = 300$
$Y_2 \quad = sPA_2 \quad = 300$
$BPW_3 = 10000 - BPW_1 - BPW_2 \quad = 2000$
$S_{23} \quad = BPW_2 - N_2 - S_{21} - S_{22} \quad = 200$
$a_{33} \quad = 0{,}5 - a_{13} - a_{23} \quad = 0$
$S_{33} \quad = a_{33} (BPW_3 \quad = 0$
$Y_3 = sPA_3 = (BPW_3 - S_{13} - S_{23} - S_{33} - G_3)/2 = 400$
$N_3 \quad = BPW_3 - S_{31} - S_{32} - S_{33} \quad = 500$

b)

Der Vektor der Einkommenskoeffizienten lautet : $\vec{y} = \begin{pmatrix} 0{,}15 \\ 0{,}1 \\ 0{,}2 \end{pmatrix}$

Die Matrix der technischen Koeffizienten lautet: $\overline{A} = \begin{pmatrix} 0{,}2 & 0{,}1 & 0{,}4 \\ 0{,}15 & 0{,}15 & 0{,}1 \\ 0{,}15 & 0{,}25 & 0 \end{pmatrix}$

Die neuen Einkommen lauten: $Y_1 = 900$, $Y_2 = 600$, $Y_3 = 600$
Die neuen BPWs lauten dann: $BPW_1 = 6000$, $BPW_2 = 6000$, $BPW_3 = 3000$
Die neue Vorleistungsmatrix:

	S1	S2	S3
S1	1200	600	1200
S2	900	900	300
S3	900	1500	0

c) Die technischen Koeffizienten beschreiben das Verhältnis der jeweiligen Inputfaktoren zum gesamten Output. Die Konstanz der Koeffizienten spiegelt nicht die Veränderung der Beziehungen zwischen Sektoren wieder, die sich z.B. durch technischen Fortschritt ergeben.

d) Die Erhöhungen entsprechen in allen Sektoren 5%, da die Linearitätsanahme gilt, steigen auch die BPWs um 5%.
$BPW_1 = 5250$; $BPW_2 = 3150$; $BPW_3 = 2100$

L 15 Lösungen zur innerbetrieblichen Leistungsverrechnung

L 15.1 Reparatur, Abwasser und Energie

a) Reparatur: 17 000 $= 700q_1 - 10\,000q_3$
Abwasser: 42 000 $= -200q_1 + 30\,000q_2 - 30\,000q_3$
Energie: 31 000 $= -300q_1 - 15\,000q_2 + 175\,000q_3$

b)

700	0	-10 000	17 000
-200	30 000	-30 000	42 000
-300	-15 000	175 000	31 000
-3	-150	1 750	310
-2	300	-300	420
7	0	100	170
-3	-150	1 750	310
-8	0	3 200	1 040
0	0	2 700	1 080

$II_n = II_a + 2\,I_a$

$III_n = III_a + \frac{7}{8} II_n$

$$q_1 = 30\ \frac{DM}{h}; \qquad q_2 = 2\ \frac{DM}{l}; \qquad q_3 = 0{,}4\ \frac{DM}{kWh}$$

c) $GK_{Reparatur} = 17\,000 + 10\,000 \cdot 0{,}4 = 21\,000$
$GK_{Abwasser} = 42\,000 + 200 \cdot 30 + 30\,000 \cdot 0{,}4 = 60\,000$
$GK_{Energie} = 31\,000 + 300 \cdot 30 + 15\,000 \cdot 2 = 70\,000$

d) Reparatur: (1000 h - 800 h) · 30 DM/h = 6 000 DM
Abwasser: (50 000 l - 35 000 l) · 2 DM/l = 30 000 DM
Energie: (200 000 kWh - 65 000 kWh) · 0,4 DM/kWh = 54 000 DM

L 15.2 Gas, Schlosserei und Strom

a)

an / von	Gasversorgung	Schlosserei	Stromversorgung	Σ der Leistungen
Gasversorgung	500 m³	8000 m³	0 m³	16500 m³
Schlosserei	200 mh	100 mh	100 mh	800 mh
Stromversorgung	2000 kWh	5000 kWh	1000 kWh	22000 kWh

b) q_1 = Verrechnungssatz für die Gasversorgung in DM/m³
q_2 = Verrechnungssatz für die Schlosserei in DM/mh
q_3 = Verrechnungssatz für die Gasversorgung in DM/kWh

Gasversorgung: $7000\ DM + 500 \cdot q_1 + 200 \cdot q_2 + 2000 \cdot q_3 = 16500 \cdot q_1$
Schlosserei: $17500\ DM + 8000 \cdot q_1 + 100 \cdot q_2 + 5000 \cdot q_3 = 800 \cdot q_2$
Stromversorgung: $6500\ DM + 0 \cdot q_1 + 100 \cdot q_2 + 1000 \cdot q_3 = 22000 \cdot q_3$

Gauß:

16000	-200	-2000	7000
-8000	700	-5000	17500
0	-100	21000	6500
80	-1	-10	35
-80	7	-50	175
0	-1	210	65
1	-1/80	-1/8	7/8
0	1	-10	35
0	0	1	1/2

$q_3 = 0{,}5$ DM/kWh; $q_2 = 5 + 35 = 40$ DM/mh; $q_1 = 1/80 \cdot 40 + 1/16 + 7/16 = 1$ DM/m³

c) GK_{Gas} = 7000 DM + 8000 DM + 1000 DM = 16000 DM
$GK_{Schloss}$ = 17500 DM + 8000 DM + 2500 DM = 28000 DM
GK_{Strom} = 6500 DM + 0 DM + 4000 DM = 10500 DM

d) Nein, diese Kosten müssen der Summe der primären Gemeinkosten (also 31000 DM) entsprechen. Das ist der Sinn des Verrechnungsverfahrens.

e) $GK_{Energie}$ = 16000 DM + 10500 DM - 1000 DM = 25500 DM
Wenn alle Vorkostenstellen zusammengefaßt werden, bleiben als Gesamtkosten nur noch die Summe der primären Gesamtkosten übrig (also wieder 31000 DM).

L 15.3 Krankenhaus

a)

von /an	Energie	Sicherheit	Beratung	abg. Leistgen	Primärkosten
Energie	150000 kWh	50000 kWh	100000 kWh	500000 kWh	175000 DM
Sicherheit	0	1000 h	2000 h	5000 h	30000 DM
Beratung	0	1500 Termine	500 Termine	4000 Termine	5000 DM

b) I $175000 + 150000\, q_E = 500000\, q_E$
II $30000 + 50000\, q_E + 1000\, q_S + 1500\, q_B = 5000\, q_S$
III $5000 + 100000\, q_E + 2000\, q_S + 500\, q_B = 4000\, q_B$

I $350\,000\, q_E = 175\,000$
II $50\,000\, q_E - 4\,000\, q_S + 1\,500\, q_B = -30\,000$
III $100\,000\, q_E + 2\,000\, q_S - 3\,500\, q_B = -5\,000$

q_S	q_B	q_E		
20	-35	1 000	-50	
-40	15	500	-300	
0	0	3 500	1 750	
20	-35	1 000	-50	
0	-55	2 500	-400	IIn = IIa + 2Ia
0	0	3 500	1 750	

$q_E = 0{,}5$ DM/kWh
$-55\, q_B + 2\,500\, q_E = -400 \quad \Rightarrow \quad q_B = 30$ DM/Beratungstermin
$20\, q_S - 35\, q_B + 1\,000\, q_E = -50 \quad \Rightarrow \quad q_S = 25$ DM/h

c) $GK_E = 175\,000 + 0 \qquad = 175\,000$ DM
$GK_S = 30\,000 + 50\,000 \cdot 0{,}5 + 1\,500 \,.\, 30 \qquad = 100\,000$ DM
$GK_B = 5\,000 + 100\,000 \cdot 0{,}5 + 2\,000 \,.\, 25 \qquad = 105\,000$ DM

d) $GK_{(S+B)} = 100\,000 + 105\,000 - 2\,000 \,.\, 25 - 1\,500 \cdot 30 = 110\,000$ DM

e) Energie: (500 000 - 300 000) 0,5 = 100 000 DM
Sicherheit: (5 000 - 3 000) 25 = 50 000 DM
Beratung: (4 000 - 2 000) 30 = 60 000 DM

L 15.4 Industriebetrieb

a) $2\,q_1 + 1\,q_2 + 2\,q_3 + 2{,}0 = 6\,q_1$
$3\,q_1 + 5\,q_2 + 1\,q_3 + 4{,}5 = 10\,q_2$
$1\,q_1 + 1\,q_2 + 4\,q_3 + 2{,}5 = 10\,q_3$

$4\,q_1 - 1\,q_2 - 2\,q_3 = 2$
$-3\,q_1 + 5\,q_2 - 1\,q_3 = 4{,}5$
$-1\,q_1 - 1\,q_2 + 6\,q_3 = 2{,}5$

$$\overline{A} = \begin{pmatrix} 4 & -1 & -2 \\ -3 & 5 & -1 \\ -1 & -1 & 6 \end{pmatrix}; \qquad \det \overline{A} = 81; \qquad \overline{A}_{11} = \begin{pmatrix} 2 & -1 & -2 \\ 4{,}5 & 5 & -1 \\ 2{,}5 & -1 & 6 \end{pmatrix}; \det \overline{A}_{11} = 121;5$$

$$\overline{A}_{12} = \begin{pmatrix} 4 & 2 & -2 \\ -3 & 4{,}5 & -1 \\ -1 & 2{,}5 & 6 \end{pmatrix}; \qquad \det \overline{A}_{12} = 162; \qquad \overline{A}_{13} = \begin{pmatrix} 4 & -1 & 2 \\ -3 & 5 & 4{,}5 \\ -1 & -1 & 2{,}5 \end{pmatrix}; \det \overline{A}_{13} = 81$$

$\Rightarrow q_1 = 1{,}5;\ q_2 = 2{,}0;\ q_3 = 1{,}0$ [DM/LE]

b) $GK_1 = 2 + 2 \cdot 1{,}5 + 2{,}0 + 2 \cdot 1{,}0 - 2 \cdot 1{,}5 = 6; \qquad GK_2 = 10; \qquad GK_3 = 6$

c) H1: 0 DM ; H2: 3 [LE] $\cdot\, q_2 = 6$; H3: 3 [LE] $\cdot\, q_3 = 3 \Rightarrow \Sigma = 9$ [LE]

d) $GK_S = GK_1 + GK_2$ - int. Leistungen = 9,5

L 16 LÖSUNGEN ZU DEN MARKOVKETTEN

L 16.1 Katzenstreu

a)

von\an	K	U	G
K	0,7	0,15	0,15
U	0,2	0,5	0,3
G	0,2	0,3	0,5

b)

$$(P_k \quad P_u \quad P_g)\cdot\begin{pmatrix}0.7 & 0.15 & 0.15\\ 0.2 & 0.5 & 0.3\\ 0.2 & 0.3 & 0.5\end{pmatrix} = (1/3 \quad 1/3 \quad 1/3)$$ Es ergibt sich folgendes Gauß-Tableau:

P_k	P_u	P_g	
0,7	0,2	0,2	1/3
0,15	0,5	0,3	1/3
0, 15	0,3	0,5	1/3
1	1	1	1
21	6	6	10
45	150	90	100
0	-1	1	0
0	15	15	11
21	6	6	10
0	960	540	550
0	1	-1	0
0	0	30	11

$\Rightarrow$ Pg = 11/30 = 0,367; Pu = 11/30 = 0,367 ; Pk = 8/30 = 0,267 (kein Widerspruch !)

c)

$$(P_k \quad P_u \quad P_g)\cdot\begin{pmatrix}0.7 & 0.15 & 0.15\\ 0.2 & 0.5 & 0.3\\ 0.2 & 0.3 & 0.5\end{pmatrix} = (P_k \quad P_u \quad P_g)$$ Es ergibt sich folgendes LGS

$$0{,}7P_k + 0{,}2P_u + 0{,}2P_g = P_k$$
$$0{,}15P_k + 0{,}5P_u + 0{,}3P_g = P_u$$
$$0{,}15P_k + 0{,}3P_u + 0{,}5P_g = P_g$$
$$P_k + P_u + P_g = 1$$

P_k	P_u	P_g	
-3	2	2	0
15	-50	30	0
15	30	-50	0
1	1	1	1
1	1	1	1
0	5	5	3
0	-40	40	0
0	80	-80	0
1	1	1	1
0	5	5	3
0	0	80	24

$\Rightarrow \quad P_g = 0{,}3; \qquad P_u = 0{,}3; \qquad P_u = 0.4$

d) Es gibt keine weiteren Konkurrenzprodukte.
Pro Periode kauft ein Kunde genau ein Produkt.
Die Anzahl der Käufer ist über die Perioden konstant.

L 16.2 Uni, Strand und Biergarten

a) 100% - 30% - 50% = 20% ≅ 10 Studenten ↔ 100% ≅ 50 Studenten
Die Gruppe besteht aus 50 Studenten.

b) Übergangsmatrix $\overline{T}$

von / nach	Universität	Strand	Biergarten
Universität	0,7	**0,3**	0
Strand	**0,3**	0,5	**0,2 (5 von 25 die am Strand waren!!)**
Biergarten	**0,1**	**0,1**	0,8

Studentenverteilung in der zweiten Woche $\vec{p}^{(2)}$

U	0,3
S	0,5
B	0,2

$\vec{p}^{(3)\prime} = \vec{p}^{(2)\prime} \cdot \overline{T}$

			0,7	0,3	0
			0,3	0,5	0,2
			0,1	0,1	0,8
0,3	0,5	0,2	0,38	0,36	0,26

$\vec{p}^{(3)\prime} = (\,0{,}38 \quad 0{,}36 \quad 0{,}26\,)$

c) $\vec{p}^{(2)\prime} = \vec{p}^{(1)\prime} \cdot \overline{T} \qquad \overline{T}^* = 10 \cdot \overline{T}$

$\vec{p}^{(2)\prime} \cdot \overline{T}^{-1} = \vec{p}^{(1)\prime} \qquad \overline{T}^{-1} = 10 \cdot \overline{T}^{*-1}$

$\overline{T}^*$			$\overline{E}$			
7	3	0	1	0	0	
3	5	2	0	1	0	
1	1	8	0	0	1	
1	1	8	0	0	1	IIIa
0	2	-22	0	1	-3	IIa-3*In
0	-4	-56	1	0	-7	Ia-7*In
1	0	19	0	-0,5	2,5	Ia-IIn
0	1	-11	0	0,5	-1,5	0,5*IIa
0	0	-100	1	2	-13	IIIa+4*IIn
1	0	0	0,19	-0,12	0,03	Ia-19*IIIn
0	1	0	-0,11	0,28	-0,07	IIa+11*IIIn
0	0	1	-0,01	-0,02	0,13	-0,01*IIIa
$\overline{E}$			$\overline{T}^{*-1}$			

			1,9	-1,2	0,3
			-1,1	2,8	-0,7
			-0,1	-0,2	1,3
0,3	0,5	0,2	0	1	0

$\vec{p}^{(1)\,\prime} = (\,0\ \ 1\ \ 0\,)$

$50 \cdot \vec{p}^{(1)\,\prime} = (\,0\ \ 50\ \ 0\,)$ 50 Studenten waren am Strand. In der Uni war keiner (Ostermontag!!). Im Biergarten auch nicht.

d) Für stationäre Verteilungen gilt: $\vec{p}_{stat}{}' = \vec{p}_{stat}{}' \cdot \bar{\bar{T}}$.

			0,7	0,3	0
			0,3	0,5	0,2
			0,1	0,1	0,8
0,4	0,3	0,3	0,4	0,3	0,3

Die genannte Verteilung ist wirklich stationär.

L 16.3 Fernsehsender und Einschaltqouten

a) $\vec{p}_1{}^{(0)\,\prime} = (0{,}6\ \ 0{,}3\ \ 0{,}1)$

$$\bar{\bar{T}} = \begin{pmatrix} 0{,}5 & 0{,}3 & 0{,}2 \\ 0{,}2 & 0{,}7 & 0{,}1 \\ 0{,}1 & 0{,}3 & 0{,}6 \end{pmatrix}$$

$$\vec{p}_1{}^{(1)\,\prime} = \vec{p}_1{}^{(0)\,\prime} \cdot \bar{\bar{T}} = \qquad (0{,}37\ \ 0{,}42\ \ 0{,}21).$$

<u>Antwort:</u> Am 2. Samstag sehen den Samstag-Abend-Thriller 37% im SUM + , 42% in Hungrig 1 und 21% in Contra 7.

b) 1. Gleichungssystem aus $\bar{\bar{T}}$ (→ Lösung mit Gauß):

$$\begin{aligned} p_A &= 0{,}5p_A + 0{,}2p_B + 0{,}1p_C \\ p_B &= 0{,}3p_A + 0{,}7p_B + 0{,}3p_C \\ p_C &= 0{,}2p_A + 0{,}1p_B + 0{,}6p_C \\ 1 &= 1{,}0p_A + 1{,}0p_B + 1{,}0p_C \end{aligned}$$

$p_A = 0{,}25$
$p_B = 0{,}5$
$p_C = 0{,}25$

<u>oder:</u> $\vec{p}_1{}' = (0{,}25\ \ 0{,}5\ \ 0{,}25)$

2. Lösung mit Hilfe der Cramer´schen Regel:

$$\begin{pmatrix} 1{,}0 & 1{,}0 & 1{,}0 \\ -0{,}5 & 0{,}2 & 0{,}1 \\ 0{,}3 & -0{,}3 & 0{,}3 \end{pmatrix} \cdot \begin{pmatrix} p_a \\ p_b \\ p_c \end{pmatrix} = \begin{pmatrix} 1 \\ 0 \\ 0 \end{pmatrix} \qquad ;\det\begin{pmatrix} 1{,}0 & 1{,}0 & 1{,}0 \\ -0{,}5 & 0{,}2 & 0{,}1 \\ 0{,}3 & -0{,}3 & 0{,}3 \end{pmatrix} = 0{,}36.$$

$$\det\begin{pmatrix} 1{,}0 & 1{,}0 & 1{,}0 \\ 0{,}0 & 0{,}2 & 0{,}1 \\ 0{,}0 & -0{,}3 & 0{,}3 \end{pmatrix} = 0{,}09 \qquad \Rightarrow \qquad p_a = \frac{0{,}09}{0{,}36} = 0{,}25.$$

$$\det\begin{pmatrix} 1{,}0 & 1{,}0 & 1{,}0 \\ -0{,}5 & 0{,}0 & 0{,}1 \\ 0{,}3 & 0{,}0 & 0{,}3 \end{pmatrix} = 0{,}18 \qquad \Rightarrow \qquad p_b = \frac{0{,}18}{0{,}36} = 0{,}50.$$

$$\det\begin{pmatrix} 1{,}0 & 1{,}0 & 1{,}0 \\ -0{,}5 & 0{,}2 & 0{,}0 \\ 0{,}3 & -0{,}3 & 0{,}0 \end{pmatrix} = 0{,}09 \qquad \Rightarrow \qquad p_c = \frac{0{,}09}{0{,}36} = 0{,}25.$$

Antwort: Langfristig werden den Samstag-Abend-Thriller 25% auf SUM +, 50% auf Hungrig 1 und 25% auf Contra 7 sehen.

c) $\vec{p}_2^{(0)\prime} = (1 \;\; 0 \;\; 0)$; $\bar{T}$ bleibt!

$\vec{p}_2^{(0)\prime} = \vec{p}_2^{(0)\prime} \cdot \bar{T} = (0{,}5 \;\; 0{,}3 \;\; 0{,}2)$.

$\vec{p}_2^{\,\prime} = \vec{p}_1^{\,\prime} = (0{,}25 \;\; 0{,}50 \;\; 0{,}25)$, da der stationäre Zustand nur von der Übergangsmatrix $\bar{T}$ abhängig ist, die ja konstant blieb.

d)

$$\bar{T}^* = \begin{pmatrix} 1{,}0 & 0{,}0 & 0{,}0 \\ 0{,}2 & 0{,}7 & 0{,}1 \\ 0{,}1 & 0{,}3 & 0{,}6 \end{pmatrix} \; ; \vec{p}_1^{(0)\prime} = (0{,}6 \;\; 0{,}3 \;\; 0{,}1) \quad \text{aus a)}$$

$\vec{p}_1^{(1)\prime} = \vec{p}_1^{(0)\prime} \cdot \bar{T}^* = (0{,}67 \;\; 0{,}24 \;\; 0{,}09)$.

Antwort: Am 2. Samstag sehen den Samstag-Abend-Thriller 67% im SUM + , 24% in Hungrig 1 und 9% in Contra 7.

e) $\vec{p}_1^{(\infty)\prime} = (1 \;\; 0 \;\; 0)$ Begründung: Da kein Zuschauer, der einmal den Samstag-Abend-Thriller auf SUM + gesehen hat, zu einem anderen Sender wechselt, sammeln sich langfristig alle Zuschauer bei diesem Sender = absorbierender Zustand !!

L 16.4 Karl Lischnig

a)Bilden der Inversen:

0,7	0,2	0,1	1	0	0	
0,3	0,3	0,4	0	1	0	
0,2	0,2	0,6	0	0	1	
7	2	1	10	0	0	
3	3	4	0	10	0	
2	2	6	0	0	10	
1	1	3	0	0	5	I=IIIa/2
3	3	4	0	10	0	
7	2	1	10	0	0	III=Ia
1	1	3	0	0	5	
0	0	-5	0	10	-15	II=II-3I
0	-5	-20	10	0	35	III=III-7I
1	1	3	0	0	5	
0	1	4	-2	0	7	II=IIIa/-5
0	0	1	0	-2	3	III=IIa/-5
1	0	-1	2	0	-2	I=I-IIa
0	1	0	-2	8	-5	II=II-4III
0	0	1	0	-2	3	
1	0	0	2	-2	1	I=I+III
0	1	0	-2	8	-5	
0	0	1	0	-2	3	

Daraus ergibt sich für $\vec{p}^{(0)} = (0{,}6 \;\; 0 \;\; 0{,}4)$ und $\vec{p}^{(2)} = (0{,}47 \;\; 0{,}22 \;\; 0{,}31)$

b) Stationäre Verteilung

$$\begin{aligned} 0{,}7a+0{,}3b+0{,}2c &= a \qquad & -0{,}3a+0{,}3b+0{,}2c &=0 \\ 0{,}2a+0{,}3b+0{,}2c &= b & 0{,}2a-0{,}7b+0{,}2c &=0 \\ 0{,}1a+0{,}4b+0{,}6c &= c & 0{,}1a+0{,}4b-0{,}4c &=0 \end{aligned}$$

$$\left[\begin{array}{ccc|c} 1 & 1 & 1 & 1 \\ 2 & -7 & 2 & 0 \\ 1 & 4 & -4 & 0 \end{array}\right] \qquad \left[\begin{array}{ccc|c} 1 & 1 & 1 & 1 \\ 0 & -9 & 0 & -2 \\ 0 & 3 & -5 & -1 \end{array}\right] \qquad \begin{array}{l} \\ II=II-2I \\ III=III-I \end{array}$$

Daraus folgt b = 2/9; c = 3/9; a = 4/9

c) Die Elemente einer Zeile geben mir an, wieviel Prozent von meinem Ausgangszustand in einen anderen Zustand wechseln oder in dem gleichen bleiben.Da mein Ausgangszustand 100% (=1) entspricht muß auch die Summe aller Entwicklungen wieder 100% (=1) sein.

d) Zeilensumme = Spaltensumme =1: stationäre Verteilung jeweils 1/3.

L 16.5 Vogelfutter

a) $\det \overline{A} = 0{,}1$

$\det \overline{A}_{11} = 0{,}16$ $\quad$ $\det \overline{A}_{12} = -0{,}04$ $\quad$ $\det \overline{A}_{13} = -0{,}04$

$\det \overline{A}_{21} = 0{,}01$ $\quad$ $\det \overline{A}_{22} = 0{,}31$ $\quad$ $\det \overline{A}_{23} = -0{,}19$

$\det \overline{A}_{31} = -0{,}07$ $\quad$ der $\overline{A}_{32} = -0{,}17$ $\quad$ $\det \overline{A}_{33} = 0.33$

$$\overline{A}^{-1} = \frac{1}{0{,}1} * \begin{pmatrix} 0{,}16 & 0{,}01 & -0{,}07 \\ -0{,}04 & 0{,}31 & -0{,}17 \\ -0{,}04 & -0{,}19 & 0{,}33 \end{pmatrix} = \begin{pmatrix} 1{,}6 & 0{,}1 & -0{,}7 \\ -0{,}4 & 3{,}1 & -1{,}7 \\ -0{,}4 & -1{,}9 & 3{,}3 \end{pmatrix}$$

$$\vec{p}^{\,(1)'} = \vec{p}^{\,(2)'} \cdot \overline{T}^{-1} = \begin{pmatrix} 0{,}35 & 0{,}31 & 0{,}34 \end{pmatrix} \cdot \begin{pmatrix} 1{,}6 & 0{,}1 & -0{,}7 \\ -0{,}4 & 3{,}1 & -1{,}7 \\ -0{,}4 & -1{,}9 & 3{,}3 \end{pmatrix} = \begin{pmatrix} 0{,}3 & 0{,}35 & 0{,}35 \end{pmatrix}$$

b) $\vec{p}_{stat} = \overline{T}' \cdot \vec{p}_{stat}$

$$\begin{aligned} -0{,}3\,p_A + 0{,}2\,p_B + 0{,}2\,p_C &= 0 \\ 0{,}1\,p_A - 0{,}5\,p_B + 0{,}3\,p_C &= 0 \\ 0{,}2\,p_A + 0{,}3\,p_B - 0{,}5\,p_C &= 0 \\ p_A + p_B + p_C &= 1 \end{aligned}$$

$\det \overline{A} = 0{,}4$ $\qquad$ $\det \overline{A}_A = 0{,}16$ $\qquad$ $\det \overline{A}_B = 0{,}11$ $\qquad$ $\det \overline{A}_C = 0{,}13$

$$p_A = \frac{0{,}16}{0{,}4} = 0{,}4 \qquad p_B = \frac{0{,}11}{0{,}4} = 0{,}275 \qquad p_C = \frac{0{,}13}{0{,}4} = 0{,}325$$

c) Die Anfangsverteilung ist hier identisch mit der stationären Verteilung, die sich per Definition nicht mehr ändert. Somit kann die Verteilung des Jahres 1994 nicht erreicht werden. Die Anfangsverteilung ist falsch!

L 16.6 Kurort Schönwetter

a)

$$\overline{T} = \begin{pmatrix} 0,7 & 0,2 & 0,1 \\ 0,2 & 0,3 & 0,5 \\ 0,3 & 0,2 & 0,5 \end{pmatrix}$$

b)
$$\begin{aligned} 0,7i + 0,2f + 0,3v &= i \quad \Rightarrow \quad -0,3i + 0,2f + 0,3v = 0 \\ 0,2i + 0,3f + 0,2v &= f \quad \Rightarrow \quad 0,2i - 0,7f + 0,2v = 0 \\ 0,1i + 0,5f + 0,5v &= v \quad \Rightarrow \quad 0,1i + 0,5f - 0,5v = 0 \end{aligned}$$

i	f	v	
1	1	1	1
0,2	-0,7	0,2	0
0,1	0,5	-0,5	0
1	1	1	1
0	-0,9	0	-0,2
0	0,4	-0,6	-0,1

$f = 0,222$; $v = 0,315$; $i = 0,463$

c) Beliebige Matrix, deren Hauptdiagonalelemente 0,7; 0,3; 0,5 und 0,3 lauten und deren Spaltensumme jeweils 1 beträgt.

d) - Es gibt keine weiteren Heilwasser.
- Es wird von jedem Kurgast genau ein Heilwasser gekauft.
- Die Käufer verhalten sich nicht markentreu.
- Die Wahl des Heilwassers hängt nur von der Vorperiode ab...

L 17 Lösungen zur Teilebedarfsrechnung

L 17.1 Legosteine

a)

				1	0
				3	2
				0	1
				4	3
16	22	0	10	**122**	**74**
8	11	20	0	**41**	**42**
2	3	0	0	**11**	**6**
1	1	0	0	**4**	**2**

$$\begin{pmatrix} 6{,}15 & 8{,}40 & 5 & 2 \end{pmatrix} \begin{pmatrix} 1 & 0 \\ 3 & 2 \\ 0 & 1 \\ 4 & 3 \end{pmatrix} = \begin{pmatrix} 39{,}35 & 27{,}80 \end{pmatrix}$$

b)

$$\begin{pmatrix} 1 & 0 \\ 3 & 2 \\ 0 & 1 \\ 4 & 3 \end{pmatrix} \cdot \begin{pmatrix} 5 \\ 11 \end{pmatrix} = \begin{pmatrix} 5 \\ 37 \\ 11 \\ 53 \end{pmatrix} \qquad \begin{pmatrix} 16 & 22 & 0 & 10 \\ 1 & 1 & 0 & 0 \end{pmatrix} \cdot \begin{pmatrix} 5 \\ 37 \\ 11 \\ 53 \end{pmatrix} = \begin{pmatrix} 1424 \\ 42 \end{pmatrix}$$

c)

$$\begin{pmatrix} 1 & 0 \\ 3 & 2 \\ 0 & 1 \\ 4 & 3 \end{pmatrix} \cdot \begin{pmatrix} x_1 \\ x_2 \end{pmatrix} = \begin{pmatrix} y_1 \\ 23 \\ y_2 \\ 32 \end{pmatrix} \qquad x_1 = y_1;\ \ 3x_1 + 2x_2 = 23;\ \ x_2 = y_2;\ \ 4x_1 + 3y_2 = 32$$

Daraus ergibt sich folgendes Gauß-Tableau:

1	0	y_1
3	2	23
0	1	y_2
4	3	32
1	0,75	8
0	-0,25	-1
0	1	y_2
1	0	y_1
1	0	5
0	1	4
0	0	y_1-5
0	0	y_2-4

$\Rightarrow y_1 = 5;\qquad y_2 = 4$

Die Mutter muß also 5 GBK 1 und 4 GBK 3 kaufen.

Damit können insgesamt 5 Häuser und 4 Garagen gebaut werden.

L 17.2 Spargelanbau

a) $1X_I \ +0X_{II} +2X_{III}+2X_{IV} = 150$
$0X_I \ +1X_{II} +1X_{III}+4X_{IV} = 60$
$1X_I \ +2X_{II} +6X_{III}+4X_{IV} = 330$
$1X_I \ +2X_{II} +4X_{III}+10X_{IV} = 270$

1	0	2	2	150		1	0	2	2	150
0	1	1	4	60	→	0	1	1	4	60
1	2	6	4	330		0	2	4	2	180
1	2	4	10	270		0	2	2	8	120
1	0	2	2	150		1	0	2	2	150
0	1	1	4	60	→	0	1	1	4	60
0	0	2	-6	60		0	0	1	-3	30
0	0	0	0	0		0	0	0	0	0
1	0	0	8	90						
0	1	0	7	30						
0	0	1	-3	30						

Rangbetrachtung : $r(A) = r(A,b) < n \Rightarrow \dim L = 1$

$X_I = 90-8X_{IV} \qquad X_{II} = 30-7X_{IV} \qquad X_{III} = 30+3X_{IV} \qquad X_{IV} = z$

$$L = \{ x \mid x = \begin{pmatrix} 90 \\ 30 \\ 30 \\ 0 \end{pmatrix} + \begin{pmatrix} -8 \\ -7 \\ 3 \\ 1 \end{pmatrix} \mu,\ \mu \in R \wedge 0 \le \mu \le 4{,}2 \}$$

b) Gleichung ist linear abhängig und hat keine Bedeutung für das LGS.

L 17.3 Beton

a)

$$\overline{B} = \overline{S}' \cdot \overline{M} = \begin{pmatrix} 3 & 1 & 2 \\ 1 & 2 & 2 \end{pmatrix} \cdot \begin{pmatrix} 2 & 10 & 4 \\ 2 & 12 & 2 \\ 1 & 13 & 2 \end{pmatrix} = \begin{pmatrix} 10 & 68 & 18 \\ 8 & 60 & 12 \end{pmatrix}$$

b) $\overline{B} \cdot \vec{x} = \vec{b}$

10	68	18	164	
8	60	12	140	
1	68/10	18/10	164/10	I/10
1	15/2	3/2	35/2	II/8
1	68/10	18/10	164/10	
0	7/10	-3/10	11/10	II-I
1	34/5	9/5	82/5	
0	1	-3/7	11/7	II*10/7
1	0	33/7	40/7	I-34/5*II
0	1	-3/7	11/7	

$Rg(\overline{B}) = Rg(\overline{B},\vec{b}) = 2 < n = 3 \quad \Rightarrow$ mehrdeutige Lösung

$$L = \{ \vec{x} \mid \vec{x} = \begin{pmatrix} 40/7 \\ 11/7 \\ 0 \end{pmatrix} + \begin{pmatrix} -33/7 \\ 3/7 \\ 1 \end{pmatrix} \cdot a,\ a \in R \}$$

c)

1	0	33/7	40/7	
0	1	-3/7	11/7	
2	8	4	22	
1	0	33/7	40/7	
0	1	-3/7	11/7	
1	4	2	11	III/2
1	0	33/7	40/7	
0	1	-3/7	11/7	
0	4	-19/7	37/7	III-I
1	0	33/7	40/7	
0	1	-3/7	11/7	
0	1	-19/28	38/28	III/4
1	0	33/7	40/7	
0	1	-3/7	11/7	
0	0	-1/4	-1/4	III-II

$x_3 = 1$ $x_2 = 2$ $x_1 = 1$

L 17.4 Mafioso Ravioli

a)

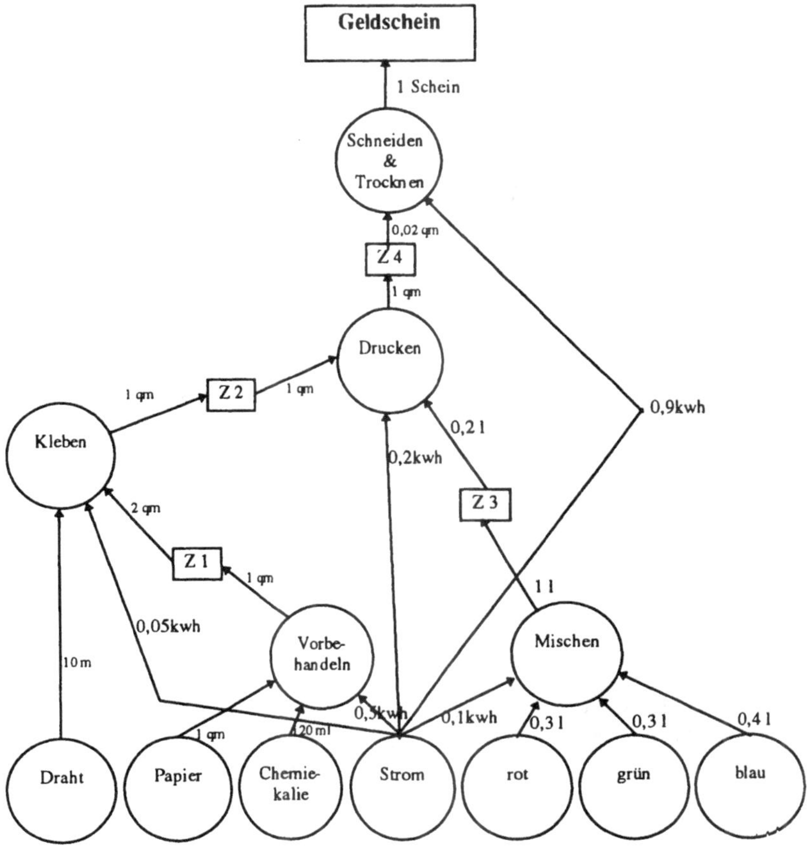

b) $z_1 = d_1 - 2\,d_2 \quad = 170 - 220 \quad = -50$, Lagerabbau
$z_2 = d_2 - d_4 \quad = 110 - 80 \quad = 30$, Lageraufbau
$z_3 = d_3 - 0{,}2\,d_4 \quad = 30 - 16 \quad = 14$, Lageraufbau
$z_4 = d_4 - 0{,}02\,d_5 \quad = 80 - 40 \quad = 40$, Lageraufbau

c) $d_1 = 2\,d_2$;; $\quad d_2 = d_4$; $\quad 5d_3 = d_4$; $\quad 50d_4 = d_5$
Daraus folgt: $d_5 = 1250$; $d_4 = 25$; $d_3 = 5$; $d_2 = 25$; $d_1 = 50$
Der Stromverbrauch beträgt:
$M_s = 0{,}5\,d_1 + 0{,}05\,d_2 + 0{,}1\,d_3 + 0{,}2\,d_4 + 0{,}9\,d_5 = 1156{,}75$ kWh

L 17.5 Chefkoch Gerd

a)

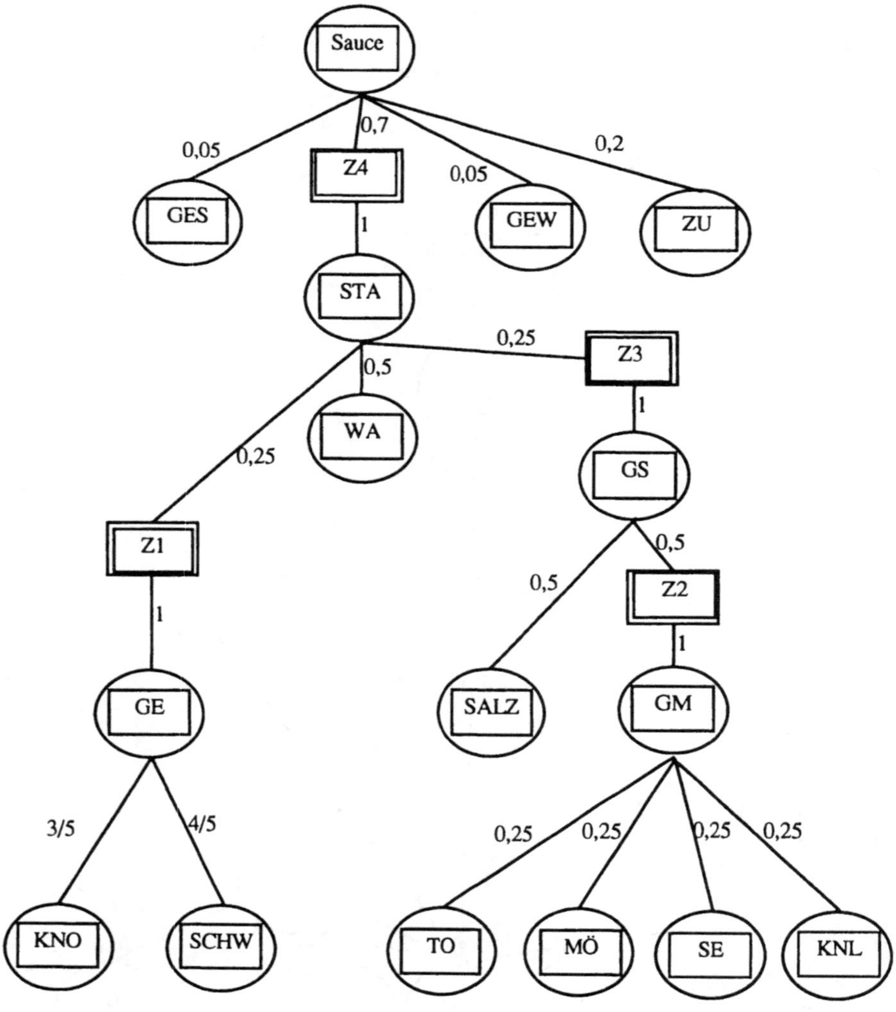

b)

I. Lagergleichungen:

z_1 = GE - 0,25 · STA

z_2 = GM - 0,5 · GS

z_3 = GS - 0,25 · STA

z_4 = STA - 0,7 · Sauce

Es soll gelten: $z_1 = z_3 = z_4 = 0$

STA = 0,7 · Sauce

GS = 0,25 · 0,7Sauce

z_2 = 120 - 0,5 · 0,25 · 0,7 · Sauce = 85

Es würden jeden Tag 85 kg Gemüsemasse auf Lager produziert, also wenig sinnvoll.

II. Es soll gelten: $z_1 = z_2 = z_3 = z_4 = 0$

GM = 120

GS = GM / 0,5 = 240

STA = GS / 0,25 = 960

GE = 0,25 · STA = 240

Es werden 240 kg Gelee benötigt

II. WA = 0,5 · STA

STA = 0,7 · Sauce

WA = 0,35 · Sauce = 400

Es werden 140 kg Wasser benötigt.

L 18 Lösungen zur Linearen Programmierung

L 18.1 Laiteria KG

a) $\max g = 10\,x_1 + 6\,x_2 \Rightarrow g - 10\,x_1 - 6\,x_2 = 0$

$$\begin{array}{llcl} \text{(I)} & 5\,x_1 + 3\,x_2 \le 27 & & 5\,x_1 + 3\,x_2 + y_1 = 27 \\ \text{(II)} & 2\,x_1 + 1\,x_2 \le 10 & \Rightarrow & 2\,x_1 + 1\,x_2 + y_2 = 10 \\ \text{(III)} & x_1 + x_2 \le 7 & & x_1 + x_2 + y_3 = 7 \\ & x_1, x_2 \ge 0 & & \end{array}$$

b)

		x_1	x_2	y_1	y_2	y_3	g	LSG	$\frac{b_i}{a_{is}}$
	y_1	5	3	1	0	0	0	27	*5,4*
←	y_2	2	1	0	1	0	0	10	*5*
	y_3	1	1	0	0	1	0	7	*7*
	g	-10	-6	0	0	0	1	0	
		↑							

		x_1	x_2	y_1	y_2	y_3	g	LSG	$\frac{b_i}{a_{is}}$
←	y_1	0	1/2	1	-5/2	0	0	2	*4*
	x_1	1	1/2	0	1/2	0	0	5	*10*
	y_3	0	1/2	0	-1/2	1	0	2	*4*
	g	0	-1	0	5	0	1	50	
			↑						

	x_1	x_2	y_1	y_2	y_3	g	LSG	$\frac{b_i}{a_{is}}$
x_2	0	1	2	-5	0	0	4	
x_1	1	0	-1	3	0	0	3	
y_3	0	0	-1	2	1	0	**0**	
g	0	0	2	**0**	0	1	54	

BV: $x_1 = 3$; $x_2 = 4$; $y_3 = 0$ NBV: $y_1 = 0$; $y_2 = 0$
Maximaler Wert der Zielfunktion: 54 VE

Sonderfälle: Degeneration, da eine Basisvariable gleich Null ist und Mehrdeutigkeit, da unter einer NBV eine Null steht

c)

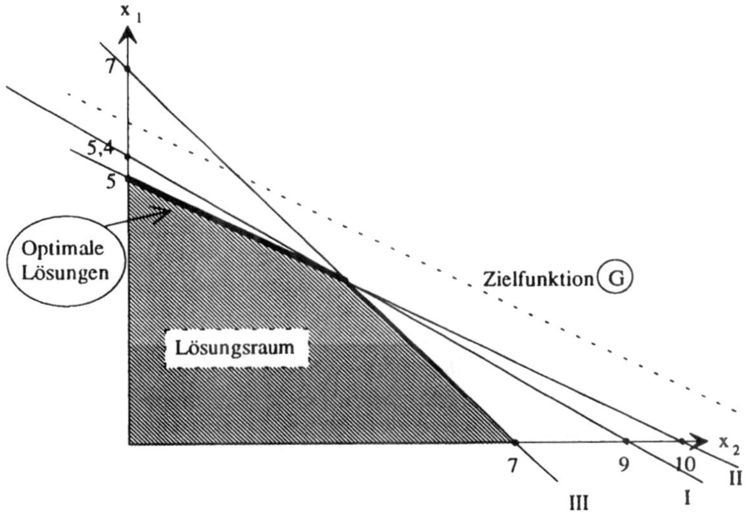

L 18.2 50 Morgen Land

a) $\max g = 200x_1 + 600x_2$

$$\begin{aligned} x_1 &+ x_2 &\leq 50 \\ 10x_1 &+ 40x_2 &\leq 800 \\ 8x_1 &+ 20x_2 &\leq 460 \\ & x_2 &\leq 15 \\ & x_1, x_2 &\geq 0 \end{aligned}$$

b)

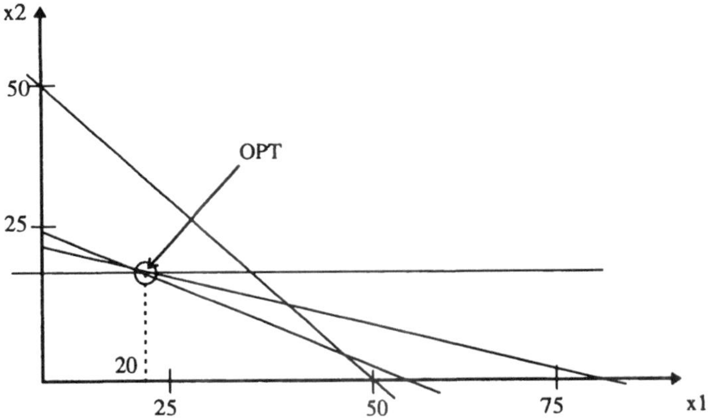

c)

BV	x_1	x_2	y_1	y_2	y_3	y_4	g	b	b_i/a_{is}
y_1	1	1	1	0	0	0	0	50	50
y_2	10	40	0	1	0	0	0	800	20
y_3	8	20	0	0	1	0	0	460	23
y_4	0	1	0	0	0	1	0	15	15
g	-200	-600	0	0	0	0	1	0	
y_1	1	0	1	0	0	-1	0	35	35
y_2	10	0	0	1	0	-40	0	200	20
y_3	8	0	0	0	1	-20	0	160	20
x_2	0	1	0	0	0	1	0	15	-
g	-200	0	0	0	0	600	1	9000	
y_1	0	0	1	-0,1	0	3	0	15	5
x_1	1	0	0	0,1	0	-4	0	20	-
y_3	0	0	0	-0,8	1	12	0	0	0
x_2	0	1	0	0	0	1	0	15	15
g	0	0	0	20	0	-200	1	13000	
y_1	0	0	1			0	0	15	
x_1	1	0	0			0	0	20	
y_4	0	0	0	-1/15	1/12	1	0	0	
x_2	0	1	0			0	0	15	
g	0	0	0	19/3	200/12	0	1	13000	

$x_1 = 20$; $x_2 = 15$; $y_1 = 15$; $y_4 = 0$; $y_2 = y_3 = 0$

g = 13000 eindeutig, optimal

Sonderfall: Degeneration, es schneiden sich 3 Geraden im optimalen Punkt.

L 18.3 Joghurt

a) Aufstellen der Gleichungen (x_1: mildes Fruchtjoghurt in 100g, x_2: Light-Joghurt in 100g):

Eiweiß: $3x_1 + 4x_2 \rightarrow \max!$ (Zielfunktion)

Kosten: $0{,}3\,x_1 + 0{,}5\,x_2 \leq 15$

Fett: $3x_1 + x_2 \leq 90$

kcal: $96\,x_1 + 60\,x_2 \leq 3000$ $\quad x_1, x_2 \geq 0$

Aufstellen des Tableaus:

	x_1	x_2	y_1	y_2	y_3	g	Lsg	b_i/a_{is}
← y_1	0,3	0,5	1	0	0	0	15	30
y_2	3	1	0	1	0	0	90	90
y_3	96	60	0	0	1	0	3000	50
G	-3	-4	0	0	0	1	0	
x_2	0,6	1	2	0	0	0	30	50
y_2	2,4	0	-2	1	0	0	60	25
← y_3	60	0	-120	0	1	0	1200	20
G	- 0,6	0	8	0	0	1	120	
x_2	0	1	3,2	0	- 0,01	0	18	
y_2	0	0	2,8	1	- 0,04	0	12	
x_1	1	0	- 2	0	1/60	0	20	
G	0	0	6,8	0	0,01	1	132	

Optimale Lösung: $x_1 = 20$, $x_2 = 18$, $y_2 = 12$

b) Graphik

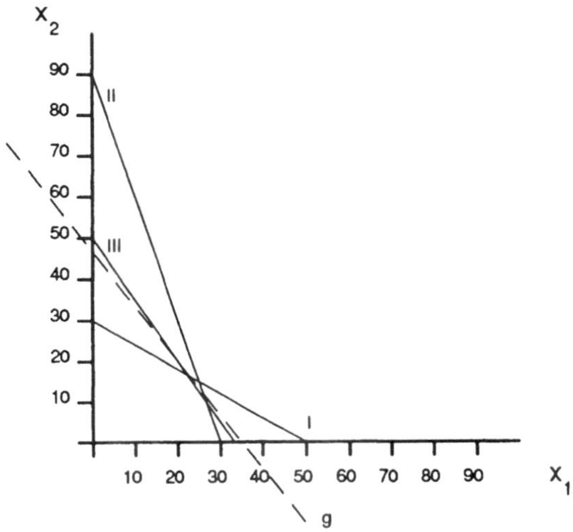

c) 2. Tableau

x_2	0,6	1	2	0	0	0	30	50
← y_2	2,4	0	-2	1	0	0	48	20
← y_3	60	0	-120	0	1	0	1200	20
G	- 0,6	0	8	0	0	1	120	

Es liegt der Sonderfall der Degeneration vor. Die zweite und die dritte Restriktion sind für x_1 gleich stark, so daß y_2 oder y_3 in die Basis übernommen werden könnte.

L 18.4 Frau Klug

a) ZF: $8x_1 + 10x_2 \rightarrow \max$

NB: $x_1 + x_2 \leq 30$ (1)

$2x_1 + 2{,}5x_2 \leq 70$ (2)

$x_1 = 2x_2$ (3)

b)

	x_1	x_2	y_1	y_2	y^*	g	b_i
y_1	1	1	1	0	**0**	0	30
y_2	2	2,5	0	1	**0**	0	70
← y^*	1	-2	0	0	**1**	0	0
g	-8	-10	0	0	**0**	1	0

	x_1	x_2	y_1	y_2	y^*	g	b_i	b_i/a_{is}
← y_1	0	3	1	0	■	0	30	10
y_2	0	6,5	0	1	■	0	70	-
x_1	1	-2	0	0	■	0	0	0
g	0	-26	0	0	■	1	0	

alternativ:

$x_1 = x_2$ daraus folgt:

$3x_2 \leq 30$ und

$6{,}5x_2 \leq 70$

$\Rightarrow x_2 \leq 10$

ZF: $26x_2 \rightarrow \max$

$\Rightarrow x_2 = 10$

$\Rightarrow x_1 = 20$

$\Rightarrow g = 260$

	x_1	x_2	y_1	y_2	y^*	g	b_i
x_2	0	1	1/3	0		0	**10**
y_2	0	0	-6/5	1		0	5
x_1	1	0	5/3	0		0	**20**
g	0	0	26/3	0		1	**260**

$x_1 = 20$ $x_2 = 10$ g= 260 DM Belohnung

d) Die Noten: Mathe: 20. 2 = 40 Punkte ⇒ Note1
Statistik: 10.2,5 = 25 Punkte ⇒Note 2

c) Graphische Lösung:

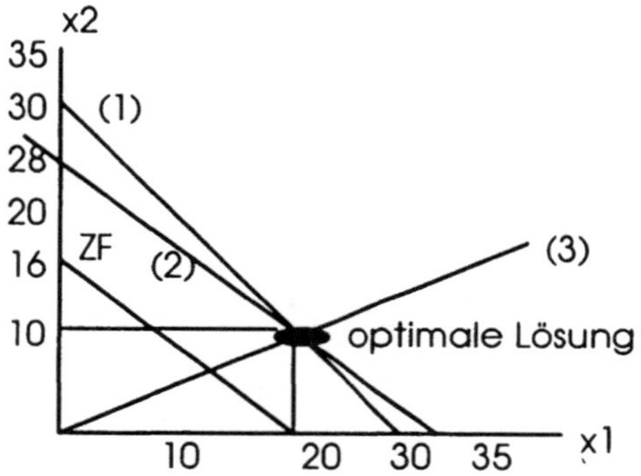

L 18.5 Gartenfreundin Paula

a) Aufstellen der Nebenbedingungen:

$80\ x_a + 100\ x_b \leq 2000$
$4\ x_a + 6\ x_b \leq 104$
$30\ x_a + 50\ x_b \leq 850$
Zielfunktion: $20\ x_a + 30\ x_b \rightarrow$ max.

	x_a	x_b	y_1	y_2	y_3	g	Lösung	
y_1	80	100	1	0	0	0	2000	20
y_2	4	6	0	1	0	0	104	17,33
y_3	30	50	0	0	1	0	850	17
g	-20	-30	0	0	0	1	0	
y_1	20	0	1	0	-2	0	300	15
y_2	0,4	0	0	1	-0,12	0	2	5
x_b	0,6	1	0	0	0,02	0	17	28,33
g	-2	0	0	0	0,6	1	510	
y_1	0	0	1	-50	4	0	200	50
x_a	1	0	0	2,5	-0,3	0	5	-
x_b	0	1	0	-1,5	0,2	0	14	70
g	0	0	0	5	0	1	520	

Paula sollte 5 Pflanzen der Züchtung A und 14 Pflanzen der Züchtung B kaufen. Die Tages-Produktion an Sauerstoff würde dann 520 ccm betragen.

Da im Tableau in der y_3 -Spalte in der Zielzeile eine 0 steht und y_3 eine Nichtbasisvariable ist, handelt es sich um eine mehrdeutige Lösung. Die Preis-Nebenbedingung ist ein Vielfaches von der Zielfunktion.

b) Weiterrechnen, um eine weitere optimale Lösung zu erhalten: y_1 Austrittsvariable, y_3 Eintrittsvariable

	x_a	x_b	y_1	y_2	y_3	g	Lösung
y_3	0	0	0,25	-12,5	1	0	50
x_a	1	0	0,075	1,25	0	0	20
x_b	0	1	-0,05	-2,5	0	0	4
g	0	0	0	5	0	1	520

Paula könnte also auch 20 Pflanzen der Züchtung A und 4 Pflanzen der Züchtung B kaufen, um ein Sauerstoffmaximum zu erhalten.

c) Graphische Lösung:

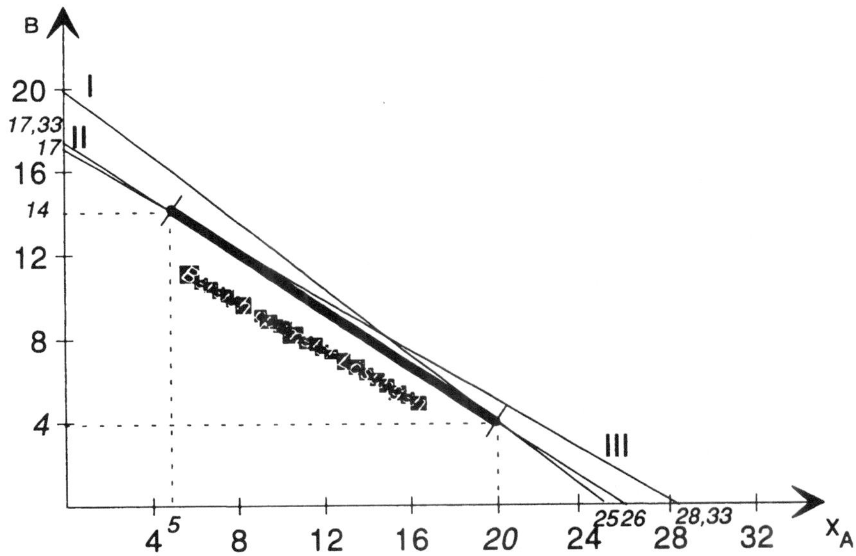

L 18.6 Dino Zavidoff

a) Zielfunktion: $\min K = 6x_1 + 2x_2$

Nebenbedingungen:
$$2x_1 + x_2 \geq 6$$
$$2x_1 + 4x_2 \geq 12$$
$$x_1 + x_2 \leq 5$$
$$x_i \geq 0$$

Standardisierung:

Zielfunktion: $-K + 6x_1 + 2x_2 = 0 \quad \rightarrow$ maximieren

Nebenbedingungen:
$$-2x_1 - x_2 + y_1 = -6$$
$$-2x_1 - 4x_2 + y_2 = -12$$
$$x_1 + x_2 + y_3 = 5 \qquad x_i \geq 0$$

b) Graphische Lösung:

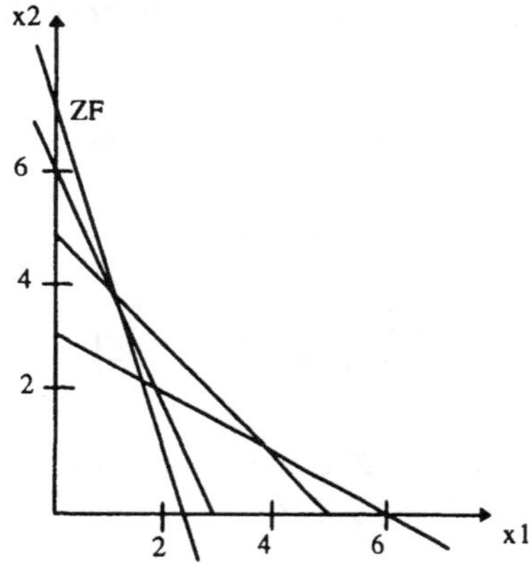

c)

	x_1	**x_2**	y_1	y_2	y_3	-K	L
y_1	-2	-1	1	0	0	0	-6
y_2	-2	**-4**	0	1	0	0	-12
y_3	1	1	0	0	1	0	5
-K	6	2	0	0	0	1	0

	x_1	x_2	y_1	y_2	y_3	-K	L
y_1	**-3/2**	0	1	-1/4	0	0	-3
x_2	1/2	1	0	-1/4	0	0	3
y_3	1/2	0	0	1/4	1	0	2
-K	5	0	0	1/2	0	1	-6

	x_1	x_2	y_1	**y_2**	y_3	-K	L
x_1	1	0	-2/3	1/6	0	0	2
x_2	0	1	1/3	-1/3	0	0	2
y_3	0	0	1/3	**1/6**	1	0	1
-K	0	0	10/3	-1/3	0	1	-16

⇒ zulässig aber nicht optimal!

	x_1	x_2	y_1	y_2	y_3	-K	L
x_1	1	0	-1	0	-1	0	1
x_2	0	1	1	0	2	0	4
y_2	0	0	2	1	6	0	6
-K	0	0	4	0	2	1	-14

zulässige und optimale Lösung: $x_1 = 1$ $x_2 = 4$ $y_2 = 6$ $K_{min} = 16$

L 19 Lösungen zum Dualprinzip

L 19.1 Recycling

a) Primalproblem:

$$\begin{aligned} 3x_1 + 1x_2 + x_3 &\geq 15 \\ 4x_1 + 3x_2 &\geq 12 \\ x_1, x_2, x_3 &\geq 0 \\ 480x_1 + 240x_2 + 60x_3 &\rightarrow \min \end{aligned}$$

Dualproblem:

$$\begin{aligned} 3y_1 + 4y_2 &\leq 480 \\ 1y_1 + 3y_2 &\leq 240 \\ 1y_1 &\leq 60 \\ y_1, y_2 &\geq 0 \\ 15y_1 + 12y_2 &\rightarrow \max \end{aligned}$$

	y_1	y_2	x_1	x_2	x_3	z	b	b_i/a_{is}
x_1	3	4	1	0	0	0	480	160
x_2	1	3	0	1	0	0	240	240
x_3	**1**	0	0	0	1	0	60	60
z	-15	-12	0	0	0	1	0	
x_1	0	4	1	0	-3	0	300	75
x_2	0	**3**	0	1	-1	0	180	60
y_1	1	0	0	0	1	0	60	-
z	0	-12	0	0	15	1	900	
x_1	0	0	1	-4/3	-5/3	0	60	
y_2	0	1	0	1/3	-1/3	0	60	
y_1	1	0	0	0	1	0	60	
z	0	0	0	4	11	1	1620	

Sortieranlage S_1: 0, S_2: 4 Stück, S_3: 11 Stück
Kosten: 1,62 Mio DM

b) keine Auswirkungen (gleiche Bestellungen, gleiche Kosten), da nicht in der Basis.

L 19.2 Chemisches Unternehmen

Primalproblem:

$$(30\ 40) \cdot \vec{x} \rightarrow \max$$

$$\begin{pmatrix} 5 & 10 \\ 10 & 10 \\ 20 & 10 \\ -20 & -20 \end{pmatrix} \vec{x} \leq \begin{pmatrix} 40 \\ 50 \\ 80 \\ -90 \end{pmatrix}$$

Dualproblem:

$$(40\ 50\ 80\ -90) \cdot \vec{y} \rightarrow \min$$

$$\begin{pmatrix} 5 & 10 & 20 & -20 \\ 10 & 10 & 10 & -20 \end{pmatrix} \cdot \vec{y} \geq \begin{pmatrix} 30 \\ 40 \end{pmatrix}$$

	y_1 ↓	y_2	y_3	y_4	x_1	x_2	-g	
x_1	-5	-10	-20	20	1	0	0	-30
x_2 ←	**-10**	-10	-10	20	0	1	0	-40
-g	40	50	80	-90	0	0	1	0

	y_1	y_2 ↓	y_3	y_4	x_1	x_2	-g	
x_1 ←	0	**-5**	-15	10	1	-0,5	0	-10
y_1	1	1	1	-2	0	-0,1	0	4
-g	0	10	40	-10	0	4	1	-160

	y_1	y_2	y_3	y_4	x_1	x_2	-g	
y_2	0	1	3	-2	-0,2	0,1	0	2
y_1	1	0	-2	0	0,2	-0,2	0	2
-g	0	0	10	10	2	3	1	-180

Bei einer Produktion von 2 Einheiten A und 3 Einheiten B wird ein Gewinn von 180 Einheiten realisiert.

L 19.3 Diät

a) Primalproblem:

$$\begin{aligned} 3x_1 &+ 2x_2 + 4x_3 \rightarrow \min \\ 5x_1 &+ x_2 + 2x_3 \geq 10 \\ 2x_1 &+ 2x_2 + 3x_3 \geq 12 \\ x_1 &+ 4x_2 + 2x_3 \geq 8 \end{aligned}$$

Dualproblem:

$$\begin{aligned} 10y_1 &+ 12y_2 + 8y_3 \rightarrow \max \\ 5y_1 &+ 2y_2 + y_3 \leq 3 \\ y_1 &+ 2y_2 + 4y_3 \leq 2 \\ 2y_1 &+ 3y_2 + 2y_3 \leq 4 \end{aligned}$$

	y_1	y_2	y_3	x_1	x_2	x_3	z	bi	bi/ai
x_1	5	2	1	1	0	0	0	3	3/2
x_2	1	**2**	4	0	1	0	0	2	1
x_3	2	3	2	0	0	1	0	4	4/3
z	-10	-12	-8	0	0	0	1	0	
x_1	**4**	0	-3	1	-1	0	0	1	1/4
y_2	1/2	1	2	0	1/2	0	0	1	2
x_3	1/2	0	-4	0	-3/2	1	0	1	2
z	-4	0	16	0	6	0	1	12	
y_1	1	0	-3/4	1/4	-1/4	0	0	1/4	
y_2	0	1	19/8	-1/8	0	0	0	7/8	
x_3	0	0	-9/8	-1/8	-11/8	1	0	7/8	
z	0	0	13	**1**	**5**	0	1	**13**	

Es sollen gekauft werden: N_1= 1 ME N_2= 5 ME N_3= 0 ME Kosten: 13GE

b) Kein Sonderfall

L 19.4 Dualproblem und Sonderfälle

a) $P=120y_1 + 150y_2 + 200y_3 \rightarrow MIN!$

G1: $2y_1 + 1y_2 + 3y_3 \geq 6$
G2: $1y_1 + 3y_2 + 2y_3 \geq 5$
G3: $2y_1 + 3y_2 + 0y_3 \geq 7$
G4: $1y_1 + 2y_2 + 1y_3 \geq 3$

b) 1.: unbeschränkt, -2 müßte aus der Zielfunktionszeile verschwinden, man kann jedoch keine Austrittsvariable bestimmen.

c) Dualproblem: unlösbar.

b) 2.: unlösbar, -4 in der Lösungsspalte kann nicht positiv werden, da in der x_1-Zeile kein negatives Element vorhanden ist.

c) Dualproblem: unbeschränkt.

L 20 Lösungen zu den allgemeinen Fragen

L 20.1 Fragen 1

1. richtig	2. richtig	3. richtig	4. falsch	5. falsch
6. falsch	7. falsch	8. richtig	9. falsch	10. richtig

L 20.2 Fragen 2

1. richtig	2. falsch	3. richtig	4. falsch	5. richtig
6. richtig	7. falsch	8. falsch	9. falsch	10. richtig

LITERATUR

Kallischnigg, Kockelkorn: Mathematik für Volks- und Betriebswirte - Arbeitsbuch für Studienanfänger
Oldenbourg Verlag, München/Wien, 1995
ISBN 3-486-23032-8

Ohse: Mathematik für Wirtschaftswissenschaftler, Band I und II
Verlag Vahlen, München, 1983

Schwarze: Mathematik für Wirtschaftswissenschaftler, Band 1 bis 3
Verlag Neue Wirtschafts-Briefe, Herne/Berlin, 1988

www.ingramcontent.com/pod-product-compliance
Lightning Source LLC
LaVergne TN
LVHW081339011026
849161LV00013BB/2953